Vision

一些人物，
一些視野，
一些觀點，
與一個全新的遠景！

雙贏

千萬業務的王者之路

林裕盛
（Jerry Y.S. Lin）

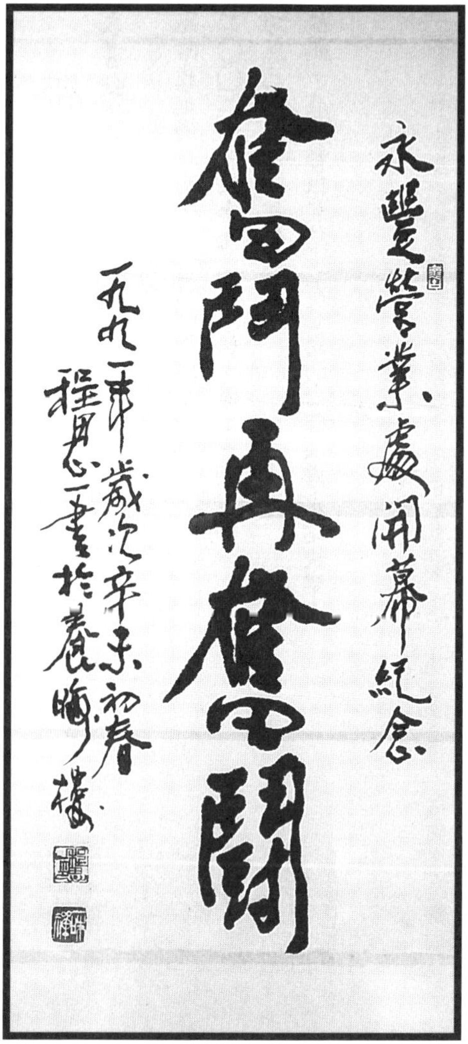

永豐營業處開幕紀念，「奮鬥再奮鬥」為其核心宗旨。

帶著勇氣上路吧！

《雙贏》新序

如果沒有眾多讀者（粉絲）的期待，如果沒有寶瓶出版社朱社長的義氣相挺（她也聽到了大家的殷殷企盼），二十年前的舊作不可能以全新的面貌重現江湖，在此，先表達裕盛對讀者諸君與寶瓶上上下下的謝意。

多少年過去了，人壽保險這個行業從來沒有變得容易過，人類對於透過人壽保險這個產品，解決經濟難題的需求也從沒改變過，同樣的，經營它的理念和方法也從來沒有改變過！

（一）觀念正確

對於產品、推銷、增員、服務客戶乃至於領導（服務業務員）我們都要具備正確

的觀念，所謂不怕路遠只怕路偏，只要走在對的方向，終有達到理想實現的一天。銷售的觀念在於助人，我們為了救人去求人，為了客戶一家人經濟屏障的落實，我們甚至願意放下身段尊嚴去成交，這不是卑躬曲膝，而是為了一個使命的完成！試想，在這一層面上，如果沒有上述正確的理念，我們如何堅持得下去？增員的觀念在於幫助別人跟我們同樣擁有一份事業，所謂成功二字，成是成就他人，功是功在社稷，講的正是這個道理。領導的精義完全在於服務，服務你轄下所有的業務團隊，而不是官大學問大（我們有什麼官威呢？），大家都在一條線上，差別只是先來後到而已！

（二）找到方法

推銷的關鍵在於掌握人性。

增員的關鍵在於掌握人格特質。

領導的關鍵在於掌握紀律，以身作則。

人性是人情的堆疊，銷售循環除去了養交情這個催化劑則效率全失，掌握了應對進退明白了隱晦不明的人際關係的運作，我們方能體悟銷售循環的精髓。

小蝦可以養大魚，也可能壞了大魚，沒有選才，就沒有團隊，與其極目盡小蝦，不如睜眼找大魚，但你不擴建自己成為深水港，如何讓大船停泊？

要走得快，就一個人走；要走得遠，就要一起走。

但沒有增員循環，沒有紀律的增員，就沒有人，沒有人，什麼也無法實現！

（三）堅持執行

我們的聰明才智大抵差距不大，差距的拉開完全在於行動力的堅持！

如果你夠堅持，就可以打敗85%的人；如果你再堅持，就可以進入前5%的TOP！

這個等級其實已經夠了。再往上，你可能需要付出更多的努力，一點點機運與卓越的人際關係。

推銷、增員都難，難在不規則，不規則的增員就是增員的最大懲罰；不規則的推銷就是銷售的最大懲罰！

牢記堅持到底的執行力！

職是之故，這次新《雙贏》的登場，我的想法是不能只是新瓶裝舊酒，還得融入新時代的元素、與時俱進。因此，我們除了保留原有的內容外，還盡最大的努力加入了我最近幾年的領悟體驗，在原文內及附錄的兩個篇章完整呈現，出版社編輯群更是以一本新書出版的心態全力擘劃，而這一切，完完全全就是為了不能辜負大家的期待。（也是裕盛個人一向的自我要求吧！）

帶著勇氣上路吧！

願有前程可奔赴，也有歲月堪回首。或許我們曾經被整條街拒絕過，但，正是因為曾經經歷過這一段苦心孤詣的日子，將來，才有整個光明的人生等待著我們。

不求世人銘記，只求記憶我們的青春歲月，吾道不孤，我們繼續攜手向前行！

裕盛　二〇一五年十月六日

《雙贏》序

不讓青史盡成灰

讓我們一起振臂高呼
雙贏，Win-win!!

清明節偕同父親、小弟林晉逸回家祭祖。搭四月四日下午六時三十分的飛機回台中。堂哥志炫開一部大美國車來接我們。晚上在他家打擾一宵。第二天起了個大早連同二叔二嬸、堂哥他們三個兄弟，浩浩蕩蕩分乘三部車回竹山小半天掃墓。途中我想起那句話：

男兒立志出鄉關，
學不成名誓不還。

開了一個半鐘頭的車，終於回到老家。依稀記得孩童時曾回來住過，那是四合院的房子。我一直很納悶，為什麼老家會在這樣的深山裡面？現在交通很發達，開車回來都感覺路途遙遠又跋涉了，更何況在那麼遠古的時代，先祖是如何來此定居？是原住民呢？抑或……？趁這一次回來掃墓，終於也瞭解了大概。

我的第一本書《奪標》在今年三月初出版以來，短短時間連印四版（至十月底已八版，並獲得全省新學友非文學類暢銷新書排行榜第五名），真真感謝所有同好及大家的捧場。我也鬆了一口氣，總算對大家有了交代，讓大家能看得下去，進而覺得物超所值（自己捧不會不好意思），勤於幫我介紹，尤有甚者，用螢光筆將《奪標》劃得密密麻麻，同時另做筆記，此舉真讓我感動不已。本想就此「一書走天涯」，有出書就好了，然而這次回鄉，更讓我堅定於再寫一本，西德諺語云：「只發生一次的事情，就好像沒有發生過。」的確，我深有同感，於是再寫一本，不讓青史盡成灰。

的確都成灰了！眼見這好一大片祖墳。陽光輕灑而下，算算總有數百個墳吧！每一個墓碑周圍都擠了些後代子孫，分別在除草、擺四果、上香，人潮洶湧好不熱鬧。有一些墓沒人來祭拜，冷冷清清地被荒草所淹沒了。我們總共祭拜了六個祖墳：我的祖父林高良、其上為林約、再上為林朝英、林朝英的太太……等。每一次祭拜後，我們都用雙手往墓碑上細抹祖先的名諱，一方面告知他們我來過了，同時也祈求他們帶給我們好運。

我問父親，他們大概活了幾歲？「差不多六十幾吧！」父親答。算算我是第十二代。若每一代間隔二十年左右，那麼這一堆墓算算祖先大概已來台三、四百年了，那時是隨著誰來的呢？會不會是鄭成功？鄭成功於一六六一年率兵攻台灣，自鹿耳門登陸。他稱台灣為東部，大力開發，並招泉州、漳州、潮州、惠州四府的人民還來屯聚。果然，我們的祖籍是福建漳州府，真是隨鄭成功來台的。因為反清復明嘛，所以要逃難，難怪逃到這麼偏遠的小半天來（相信很多讀者不曉得這個地名）。

雖然未曾見過這些先人的面貌，除了阿公我還有點印象（我三歲時他就走了），其餘皆無法音容宛在，然而在那一剎那，就在撫摸著墓碑的那一剎那間，卻讓我激動莫名，何其偉大的生命遞延啊！何其奧妙的生物遺傳工程啊！前面的祖先我們不得而見，後面的子孫我們也不曉得是何等模樣？「男兒當自強！」為了祖先前輩，為了後世子孫，我們必須今天今時今世，好好努力，才不辜負了一列列生命的火車，在宇宙不斷遞嬗的文明中，扮演好一個中間的銜接點，不是嗎？

在回程的路上，堂哥載著我們從竹山直奔台中水湳機場，要趕一點的飛機回台北。在車上，為了我一句「原來是逃難才跑那麼遠」的話，父子三人開懷大笑。解了多年的謎，好像父親也從來沒想過這個問題似的。輕鬆與溫馨的氣氛在車上瀰漫著……

「爸，你看，我保險就這樣一直做下去嗎？」話鋒一轉，我突然問道。

「這個事業不錯啊！相當吻合美、利、善的精義。」父親答。

「怎麼說呢？美、利、善？」我不解的問。

「美就是好事，賣保險給客戶是行善，積功德的，在客戶最需要時給他及時雨；利即是你可因此賺到錢，有利潤；但這利潤是建立在大善的基礎上，這一點很重要。金字塔的頂端是美，美名揚的意思，有了實在的利，不求名而名自來。善是65％、利是25％、名是10％，保險是穩穩當當的金字塔事業，不是嗎？西洋講真、善、美，人壽保險是美、利、善（如附圖），好好做，爸爸支持你呀！」父親答。

父親一席話使我恍然大悟。所以：

人壽保險業務員，你的名字是：美、利、善。

人壽保險業務員，你的名字是：智、仁、勇。

人壽保險業務員，你的名字是：「偉大」。

人壽保險的從業人員，我們有兩大工作：賣保單及賣合約書。換句話說即是推銷與增員，兩件事都要做得好，就是雙贏：Win-win。推銷在求個人成功、增員追求全面成就。

客戶買到好的、周全的保險；業務員賺取合理的報酬，這是雙贏。不像任何比賽：網球也好、足球也好、籃球也好，殘忍的如拳擊也好，總有一方贏、一方輸，拚鬥之後非得分出勝負不可。我們人壽保險這一行完全不一樣，要嘛雙贏，要嘛都輸。你不買保險，拒絕了人壽保險推銷員，不見得是贏，因你可能因此輸掉了全家的幸福；你和客戶爭辯不休，最後即使贏得辯論，卻輸掉了這攤生意。所以，推銷沒有勝負，只有雙贏。

我出了一本《奪標》暢銷並不算贏，有本事再寫一本；我拿了一次會長（南山人壽外勤單位最高榮譽）不算贏，簡直沒發生過，有本事再連莊（後來拿了六次，足矣！）；就像總統總得像雷根那樣，幹足八年才下台，多過癮。因此，《雙贏》的書名於焉誕生。作者賺取合理的版稅，讀者從中汲取智慧經驗，不亦樂乎。《奪標》暢銷，第二本《雙贏》也要再創高峰，才不辜負大家的期望。

不過，真的很難。

像成龍每次新的電影都要自我突破，現在總算明白體諒他的心情。希望大家多多包涵與支持，謝謝您們。

頃讀《時報周刊》八九三期，專訪宏碁施振榮，他也強調雙贏的重要性，「創造價值才能讓人充分發揮潛力」，這是雙贏的重要策略之一。客戶和公司產品之間要雙贏；公司和員工之間也要雙贏；就拿保險公司來說，內外勤同仁協調一致固要雙贏；通訊處主管和同仁之間又何嘗不須雙贏？讓我們一起振臂高呼：雙贏，Win-win!!

林裕盛寫於八十四年四月八日

【以「善」為基礎的人壽保險事業】

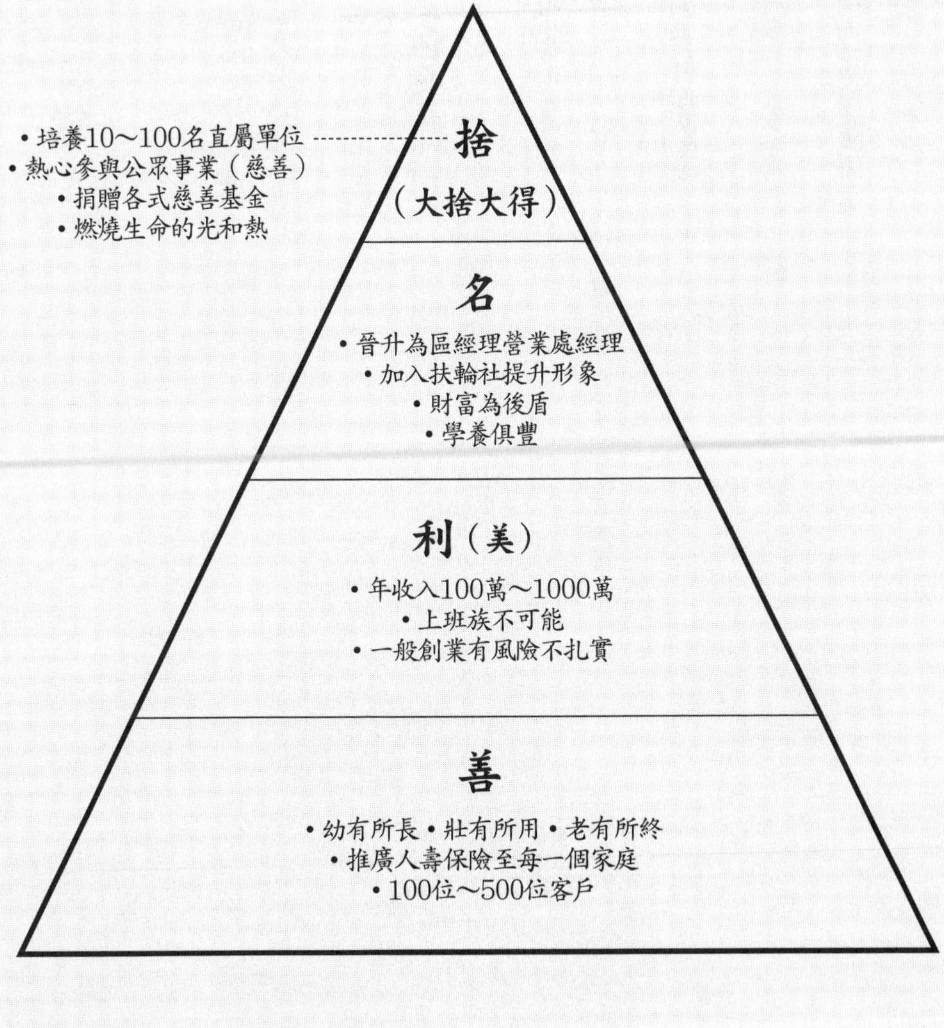
捨
（大捨大得）
•培養10～100名直屬單位
•熱心參與公眾事業（慈善）
•捐贈各式慈善基金
•燃燒生命的光和熱
名
•晉升為區經理營業處經理
•加入扶輪社提升形象
•財富為後盾
•學養俱豐
利（美）
•年收入100萬～1000萬
•上班族不可能
•一般創業有風險不扎實
善
•幼有所長•壯有所用•老有所終
•推廣人壽保險至每一個家庭
•100位～500位客戶

目錄

Chapter1 為什麼要增員

Chapter2 增員循環

Chapter3 增員是成功吸引成功

附錄

經歷過風雨，才能見彩虹。

——保險戰神林裕盛

林裕盛曾經是臺灣大學的高材生，在剛拿到華盛頓州立大學獎學金的時刻，因為家庭變故，為替父還債，他雖有鴻鵠之志，卻不得不毅然中止了求學之路，投入到保險行業。

然而，鴻鵠永遠是鴻鵠，即便他沒能走上出國留學的道路，他在保險行業，也同樣做出了常人無法企及的成績，讓自己的人生達到了一定的高度。

在林裕盛的講課中，他曾經說過，當他剛剛加入保險行業時，同學們都在留學，在美麗的校園中汲取知識，進行學術探討、交流，而他呢？卻在跑馬路，有時候，下雨天，他在外拜訪客戶，已經分不清臉上的到底是雨水還是淚水。

林裕盛說：「每一個在保險行業取得輝煌成就的人，一定經歷過三大困境。就是：偷偷在被窩裡面哭泣過；在陣亡的邊緣掙扎過；在陌生的大門前徘徊過。」他也是從這樣的困境中走過來的。他之所以能夠度過那些困境，走到今日，用他的話來說，就是：「因為保險行業是對的行業，所以，這一切都值得。」

經歷過風雨，才能見彩虹。如果你正處於這三大困境中，如果你正在猶豫、彷徨，那麼，你何不認真品讀一下他所說的話，給自己找尋一個支撐，一股力量，和對人壽保險事業永不熄滅的熱情？

Chapter1

為什麼要增員

人壽保險事業發展的程序可為：推銷→組織→管理→經營→循序漸進，透過增員來擴大版圖，組織一旦建立後，又有源源不斷的收入，合於人性的需求，對社會的貢獻又大，豈不快哉！

第一章
增員是推銷的延續

助人成功，準增員對象為「伯樂」，壽險制度為「千里馬」，努力地騎上一匹好馬才會成功。

其實不增員也可以。在我們這個行業要致富，完全在推銷——把人壽保險賣出去。即使你將來增了員進來，你還是要教他能把保單賣得出去，他才能賺得到錢，也才能立足，所謂立於不敗之地是也。所以，什麼「不增員即死亡」，這句話是不對的；不增員怎麼會死亡，那日本推銷大王原一平、美國推銷大王費德文、梅第……等豈不早就死光光了。

不推銷，才是死亡

怎麼沒有一本書講增員致富呢？所有偉大的銷售專家皆著書立說：推銷致富。因此，不推銷，才是死亡。如果你自己不熱衷於推銷，不精通於推銷，看不出一丁點訊息由推銷上賺了一些錢，那麼人家為什麼要來追隨你？就好比總店如果都經營不善，門可羅雀了，如何再去開分店呢？總店如果連經營的know-how都沒有，眼巴巴地期望靠分店致富，這是不切實際且緣木求魚的想法！請大家牢記這一點。

因此，增員應該是：

1.增員是推銷的延續。就好比外交是內政的延續一樣。

2.推銷是往下扎根，增員是向上結果。一個是打地基；另一個是蓋大樓。沒有地基的大樓就好比是浮沙建塔，遲早是要倒塌的。君不見很多直銷的組織經常大搬家，大風吹，為什麼？一言以蔽之：沒有注重推銷的扎根動作吧！

3.增員是演而優則導，很多出名的導演過去是出色的演員。但若自己都不會演戲，又如何導戲呢？因此，增員之前，先牢牢靠靠的把推銷工作做扎實吧！

4.常常有些人升了主任後，鎮日在想走增員路線好抑或組織路線好？還是推銷路線好？告訴你，你走的是陣亡路線！增員不是什麼路線之爭、統獨之爭，更不是主流非主流，而是一種給予，一種分享，一種捨的情操與成就的擴大。

如果新人一來，就告訴他推銷不能做一輩子，要趕快增員發展組織才對，真不知這是什麼團隊，什麼樣的保險公司會有這樣的經營理念？（整個團隊都不喜歡賣保單，整天鴉鴉烏棲棲遑遑的到處校園增才、網增……勉強來面試的人也表明不喜歡賣保險……）

「立足推銷、放眼增員、擁抱壽險事業」永遠是真確的中心思想，增員是推銷的延伸，成功吸引成功，是成就的擴大，更是提拔後進愛心的表現！

捨務本推銷而躁增員，怠矣！

增員是己立立人，己達達人

5.增員是力量的擴張。一把火照亮的半徑畢竟有限，多把火把照亮的半徑更寬廣。我們講推銷人壽保險是行善，是利人利己的事業，那為什麼不多找點人來做呢？做功德嘛，大家來作伙，幫助別人在這個行業成功也是好事一件，從這個角度切入就比較自在些，更何況公司還給你組織利潤，不是嗎？

6.增員是把個人的能力copy出去，創造單位時間的最大效益。有一次我到凱悅大飯店去，二樓宴會廳裡鴉鴉烏的一群人，不曉得在慶祝什麼來著？我就不自覺的彎過去看個究竟，大禮堂的上面橫掛著「慶祝7-11全省開幕五百家紀念酒會」，看得我當場目瞪口呆，哇！五百家，要是哪天我有五百個傳人就好了！（現在7-11已經全省五千家了／一〇四年七月）所有的大企業都要透過連鎖、開分店、加盟以達到經濟效益，進而快速占有市場壟斷之目的。因此，人壽保險要成就非凡，要全面的成功，要影響深遠，可以透過增員，copy的方式來完成我們的夢想。

7.既然增員是己立立人、己達達人、演而優則導，是力量的擴張、是能力的copy，要擔心的就不是member的有無，不是組織的有無；而是實力的有無，所以千萬不要本末倒置，捨本逐末，人云亦云。

沒有member的時候，你該好好做推銷，累積經驗，成功有成功的法則，失敗有失敗的經驗，成功的法則多了，失敗的次數少了，就提煉出你的一套know-how來，而增員與組織就是指日可待了！所以，沒有業務代表時，對你而言是加薪，應快馬加鞭去市場，去行銷，去see more people，等到人見得夠多了，從中提拔出千里馬來好好栽培他，把你的一身武功移轉到他身上去——「徒兒，我要你比我強」，又不減損自身的功力。所謂一技在身，行遍江湖，明白了嗎？Am I clear!?

8.增員不是怕沒有業務代表就活不下去，更不是為了晉升、為了考核，找人來墊背，現在沒有人那麼傻瓜去墊你的背，去扛你的轎子，心態上應是我提拔你，制度分享給你，功力分享給你，指頭挺胸，自己都不樂在推銷且精於推銷，如何吸引得了別人!?

9.人壽保險事業發展的程序可為：

推銷↓組織↓管理↓經營，循序漸進，透過增員來擴大版圖，組織一旦建立後，又有源源不斷的收入，合於人性的需求，對社會的貢獻又大，豈不快哉！

不是人人都能做保險

10.總結增員的正確心態為：

①成功吸引成功：人才往高收入的地方去，人才更往人才的地方集結。

②助人成功，準增員對象為「伯樂」，壽險制度為「千里馬」，努力的騎上一匹好馬才會成功。讓他們感受到不來可惜。

③不是每個人都能做保險——這點非常重要，人壽保險是淘汰率而非流動率，寧缺勿濫；但要選人，品行第一。可以小蝦養大魚，但品質不好的蝦將嚇走大魚，所以要志同道合，要珍惜機緣。

④推銷是一輩子的事，增員也是一輩子的事。要建立班底、創造利潤、管理技術、經營事業。

⑤增員的挫折，不平衡的心來自於太在乎對方的配合，今天主控權在我們，是我們給他一個事業的機會，是我們在考慮他，而非他在考慮我們，心態上抱著不要他的心理，talk就能強勢，譬如蛟龍絕非池中物，如果你真是一條龍，一個月三萬元（二十年了，平均薪資都沒漲呀？還倒退為22K！）的薪資怎困得住你!?

⑥合夥的觀念、投資的觀念、成立分店的觀念、重品質的觀念、分工的觀念。

昔日的建中、台大高材生，為了家人的幸福、父母的期盼，放棄留學理想，咬牙度過無數人情冷暖，終於換來一次又一次的榮耀。

第二章
十大原因看好保險業

一張保單打到底的時代已經過去了，代之者，平均每人多張保單的時代悄悄降臨。

我認為保險業是現今非常好的一個事業，更是行情看漲的黃金行業，從以下十點可以佐證：

保險是行情看漲的黃金行業

1. 人口高齡化：

台灣已邁向超高齡化社會，想想看，六、七十歲退休後尚有一、二十年要生活，如果收入已中斷，支出還要繼續，如何籌措老本，的確困擾每一個中年人，此刻無風險、有穩定回收的保險是可行之道。

2. 全民健保實施，相關醫療費用增加：

時代進步，醫療器材、設備日新月異，永遠無法與政府的支出同步。醫院無法由政府取得足額津貼，必定巧立名目轉嫁到消費者身上，倒楣的還是老百姓，高額的醫療險永遠是客戶的最愛與最痛。

3. 大家庭制度崩落、小家庭急速增加：

現今小倆口一結婚，就吵著自立門戶，甚至婚前就威脅與父母同住絕不可行。但輕鬆自在的結局是大家庭互助的功能式微，不得不自求多福，倚賴遠親不如靠近鄰，靠近鄰不如靠保險，讓保險幫你轉嫁風險，年輕人投保的觀念於焉落實。

4. 保險公司開放，保險商品種類百花齊放：

險種的多元化活潑了消費者投保的習慣與開闊了視野，讓整個市場更加的蓬勃發展，年金產品、重疾險之後長照險的出現，甚至外幣保單的方興未艾，更是全面帶動投保率，遠景可期。

在吉隆坡雲頂演講會場上，聽眾皆紛紛起立鼓掌，熱烈歡迎。

5. 投保觀念前瞻：

破除人情險的情面因素，認真、客觀的從需求面來切入，甚至以各個人生階段適當調整保險額度；如此，一張保單打到底的時代已經過去了，代之者，為平均每人多張保單的時代悄悄降臨。

6. 經濟膨脹，貧富不均造成社會不安定：

治安的敗壞，人人自危，不要問國家為你做了什麼，而要問你為家庭做了什麼？足額的保險，才能讓一家之主在外面全力衝刺事業，而讓妻兒免於憂患。

雇傭責任意識抬頭

7. 業務員素質大幅提高：

醫生、律師、保險經紀人將是家庭最重要的三師。隨著政府公開考試，保險公會登錄制度的實行，提升了業務員的素質，從而慢慢建立在消費者心目中的地位，能夠接受保險推銷員，才能將投保率更快的提升，因此日本的650%，美國的500%，對我們台灣而言（230.61%／2015）將是指日可待的。

8. 理財觀念落實：

不要把雞蛋統統放在一個籃子裡，最好的理財專家如此忠告我們，共同基金

	投保率%	普及率%	平均保額		總保費收入（百萬美金）	保險滲透度	保險密度（美金）
	統計至2002年		統計至2010年		統計至2014年		
台灣	143.7	271.16	63.75萬		95,622	18.9	4,072.0
美國	137.79	156.48	501.07萬		1,280,443	7.3	4,017.0
日本	509.8	418.48	182.91萬		479,762	10.8	3,778.0
	統計至2014年						
台灣	230.61	299.55					

從表列看出台灣保險滲透度、保險密度最高，普及率及投保率也從2002到2014年大幅增加，但是歷年平均保額都是偏低且有逐年下降的趨勢。

是儲蓄＋投資；人壽保險是保障＋儲蓄，同時更擁有以小搏大的唯一效應，來到了二十一世紀，人壽保險將納入所有理財專家鼓吹的項目之一。君不見日前很多報章雜誌已經將保險與理財的篇幅大加擴張了？

9. 環保責任，雇傭責任意識抬頭：

台灣產業面臨結構性的改變，企業不能肆無忌憚的擴張，環境污染責任、勞資對立、利益團體的對抗，在在困擾著資方。保險，將是緩和緊張對立的有效工具之一，如此，焉能不大力發展。

10. 台灣保險成禁臠：

美國301法案強梁壓境之後，財政部在保險市場限制上已無招架之勢。就美國而言，保險市場規模是世界排名第一、二，台灣排名第十八，但每一件保單的保險金額，台灣卻是翹楚，無怪乎美國市場本身投保率及普及率已無法突破之時，台灣是一塊禁臠。台灣的高平均保額及低投保率實在反映出台灣市場的極大潛力。

第三章 十大理由從事保險事業

以往人云年薪百萬好像就已經非常了不起了，如今在保險業年入百萬是個基本而已。人壽保險從業員最高的年薪收入是十億台幣，此紀錄是由日本壽險業界知名的柴田和子（綽號火雞媽媽）所保持。

保險事業是利人利己，造福社會國家的偉大事業。以往一般人對此事業存有歧見，主因在於不了解保險的真正功能和意義。而今民風漸開，保險觀念普獲認同，其社會地位已不可同日而語。我舉十大理由說明從事保險的極佳原因。

高峰競賽連續30次達標，南山人壽杜英宗董事長致贈花籃慶賀。

1. 能賺錢——快速致富：

難賣的東西獎金高，大家都覺得難，你會賣，就逮到機會了。年輕人不怕談錢，人壽保險事業讓你在最短時間內累積最多財富。但是我們選擇進入這個行業不單單只為了金錢！一旦你通過了人壽保險事業的試煉：無數的拒絕、難以處理的應對進退、隱晦不明的人際關係、難以承受的人情冷暖……那種人格的成長成熟與社會價值的肯定，所帶給你的成就感，是金錢無法置換的，更是其他行業無法給予你的。

快樂於此，幸福亦於此！

2. 累積大量人脈：

年輕人最缺的是資金和人脈，人壽保險事業可以讓你一箭雙鵰，畢其功於一役。每天大量拜訪「人」，一回生，二回熟，這些人慢慢的就會成為你的客戶，他看你日漸成長，當年的小夥子今日卓然有成，當然會更樂於提拔你。

寧受屈辱無怨無悔

3. 具有社會意義：

人壽保險從業人員的工作有如醫生行醫看病般。只是醫生看的是有形的疾病；我們看的是無形的風險。客戶雖然看不見，我們卻不能視若無睹。我們的工作也像消防隊員進火場救人般，所以崇高的社會意義逼得業務人員勇於推開客戶的家門，寧受屈辱而無怨無悔。一般而言人際關係分為：

①利人利己；②損人利己；③損己利人；④獨善其身；⑤兩敗俱傷；⑥好聚好散。而人壽保險事業正是利人利己，所以不要猶豫，要趕快去做啊！

4. 具高挑戰性並能快速自我成長：

我將目前從事人壽保險事業的收入及晉升組織列表於左：

10億
日本
列入金氏年鑑
↑
5600萬
新加坡
↑
4800萬
香港
↑
4000萬
泰國
↑
1000萬
台灣Top
↑
100萬
（入行）
年收入

（單位／新台幣）

處總監
一群成功的人
圍繞著你
↑
處經理
投資與回饋
↑
區經理
經營
↑
襄理
管理
↑
主任
組織
↑
一個人
行銷

由此可見此行業的收入只有天空是界限，只要你努力，想擁有多高收入，就能有多高。最低階的業務代表，只要肯用心努力去做，平均年收入約在新台幣一百萬元左右；而頂尖高手的收入就超出更多更多了。以往人云年薪百萬好像就已經非常了不起了，如今在保險業年入百萬只是個基本而已。人壽保險從業員最高的年薪收入是十億台幣，此紀錄目前是由日本壽險業界知名的柴田和子（綽號火雞媽媽）所保持。

只有天空是界限。另外，除了高收入，最快樂的事情是能培養一群成功的人圍繞著你，正所謂成功吸引成功，作育英才，乃天下一樂也。

5. 具有事業的滿足感——自己當老闆：

從事保險有事業的利潤與成就感，但卻無創業的風險。能完全自我控制，自我掌握。有些人在傳統行業裡領薪水領慣了，突然到人壽保險這個行業來，一時間不能適應，習慣也弄不好了，於是怪這怪那，怨天尤人，終究是沒弄清楚事業的特性。有人喊業績壓力大，其實哪個行業沒有業績壓力，你告訴

左：獎盃與錦旗之前，是母親最寬慰的笑顏。右：1995年，與母親同遊日本福岡。

我!?更有人抱怨收入不穩定、無底薪，廢話，哪個老闆有底薪，什麼叫底薪？其定義是「底下人領的薪水」。想做人上人，哪有底薪（Limit income）？

永續經營德澤後代

6.高度自由，五福臨門：

「我要過一個有自由、有尊嚴而又有高收入的生活。」此乃南山人壽前總經理林文英先生闡釋人壽保險從業員十二個成功指標，其開宗明義的第一條。俗云：不自由，毋寧死，不是嗎？自由與尊嚴住隔壁，都是馬斯洛人性需求的最上層。從事壽險事業，兼顧①家庭生活；②事業；③財富；④健康（因為自由，有時間鍛鍊身體）；⑤朋友。所謂有錢沒閒沒什麼好跩的，有閒無錢真可恥（懶嘛！），有錢有閒令人羨慕。有錢還要有朋友，不然走到哪裡到處踢鐵板，多可憐啊！

用推銷人壽保險來證明自己的出類拔萃。

7. 有榮譽感——用得獎寫日記：

生命本身就是一場競賽，你不打仗都不行，你不跟人家比，別人鐵定會跟你比。有些人雖生猶死，一點鬥志都沒有，真枉生為人，乾脆早點去投胎算了。生命的意義在於奮鬥，勇於競賽，從競賽裡激昂了鬥志，絢爛了火光，將生命熱力充分的燃燒，才能對得起短暫的生命啊！要全力以赴，身先士卒，勇於奪取那最美麗的桂冠。

8. 有權威感：

職位不斷的晉升，經驗不斷的累積。當然，一個人受尊重、有名望，不只是因為他的頭銜，更在於他的實力。有了實際市場經驗、無數的得獎紀錄做後盾，當然就能贏得同仁的尊重，業績領導、行動領導、品德領導、知識領導，沒有權威都不行！

9. 有能力及早退休：

一個人除了工作狂熱之外，最重要的是他一年可以休多少假？既然要辛苦，為什麼不乾脆多苦一點，縮短奮鬥的時間，與其辛苦一輩子，不如辛苦一陣子。當然，從事人壽保險，愈老愈值錢，case愈接愈大，沒有人會退休的。而且，能助人及早過沒有經濟壓力的日子倒是真的。

10. 永續經營、德澤後代：

人壽保險事業強調永續經營，續繳佣金組織津貼一輩子領不完，還可以繼承給子孫吶！像南山人壽很多資深主管的小孩都進來做保險，繼承老爸老媽衣缽（也才明白父母當年掙錢的辛苦）。套句流行廣告詞：「做保險的小孩不會變壞！」同理，做保險的爸爸當然更愛家了。（我的啟蒙老師黎國棟有句名言：我們這個行業抹爛、抹傲、抹欠帳、嘸貨底，利潤擱抹麥。不是嗎!?那麼，睿智如你者，還在躊躇什麼？）

想清楚，再出發！很多年輕人其實不是很清楚我們這個行業，聽人家說好像做保險收入很高就進來了，進來以後才發覺不是那麼回事。

自主開發很困難，熟的難開口，不熟的開不了口；自主銷售很困難，熟的不好做，不熟的沒本事做。

出發吧，既然擁有夢想，就給自己一個非實現不可的理由！

Good things come to those who believe, better things come to those who are patient, and the best things come to those who don't give up. 最清晰的腳印，往往印在最泥濘的路上；最美好的事物，永遠降臨在堅持到最後的人！

第四章 主管的能力

談case是講感情＋邏輯，中國人做生意止一個「情」字。因此，有關係拉關係，沒關係找關係，有關係沒關係就發生關係，不是嗎？

要談增員，就要先談談主管的能力。我個人認為，新時代的主管（在南山，業務員進來六個月，業績達一定標準，就可晉升為主任，再上為襄理、區經理……詳後分析）可分為兩種，一種是銷售主管；另一種為組織主管。在本文，我們定位的主管是想在組織的階梯裡往上攀爬的，也就是將來想擁有一片單位的。既然如此，我們開始分析：首先，他必須具備的能力為：高效率的推銷能力，這是基石，不能沒有。

右上：南山人壽前總經理林文英是林裕盛衷心追隨的恩師。
左上：與南山人壽前董事長謝仕榮合影。
右下：南山人壽杜英宗董事長宴請歷任會長。

晉升不等於收入

怎麼培養呢？這個能力建立在三個要素裡：(1)高專業化；(2)高形象化；(3)廣植人脈。既然是高效率，意思就是要在最短的時間內完成最大值的推銷。也就是快速close的意思，為什麼要快速close，因為沒有時間了，由下頁圖表可以了解，由業代往上晉升時，推銷的時間愈來愈少（增員所占的時間愈來愈多），但成果必須一樣，同樣的FYP（首年度保費）甚至更高，這樣收入才可能提升，否則，隨著職位的晉升，FYP愈做愈少，收入反而降低，這樣，升遷有什麼意思，又不是在升心酸的！

所以晉升不等於收入，我們必須有這個認識，才不會愈做愈沒意思，愈做愈回頭。都是因為沒有深切體會到「時間會減少，但產量要一樣」的重要性，所以，才沒有跟著提升高效率的推銷能力。再深入探討一點：業代時的推銷好比亂刀流，頭插二根草、道路兩邊跑。以體力代替技術，見一個砍一個，見兩個砍一雙，逢人就砍，殺殺殺殺殺，亂殺一通，結果有時客戶真的被你砍死了，死纏爛打加麵爛，喊拳最怕菜市仔拳，毫無章法，亂喊一通，亂喊亂贏，就是典型的新人推銷法，客戶死於亂刀之下；等升了主任襄理，提升為飛刀流，又稱小李飛刀法，「小李飛刀、例不虛發」，但如果逃出六把飛刀不死，那你行，饒你不死。意思也就是六次拜訪內close回來，篩選客戶的能力有了，功力也慢慢增加，所以提升為飛刀流。

等到爬到經理位置後，則為雙刀流，也稱宮本武藏流（みやもとむさし），

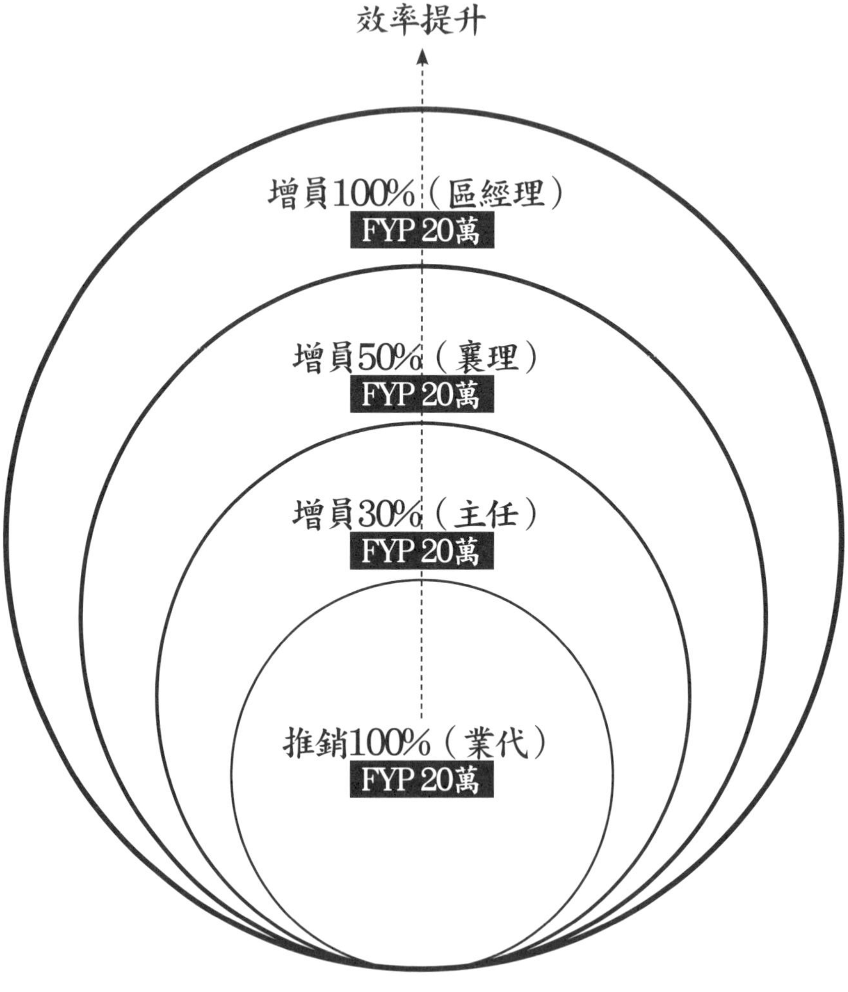

F.Y.P
First Year Premium

腰佩雙刀，二次close，挑得愈精，出刀快，轉槍面慢，兩次就可班師回朝，好不威風。（那，升到處經理以後呢？不談也罷，叫做無刀流，不，是空手道，刀都掛到牆壁上生鏽去了；更叫做羽毛掛練型，也就是犬吠火車型，年老體衰啦！鎮日坐在處經理房間裡狂吠不已，只吠不咬，獵犬的毛已掉光了，光說不練，也就是緬懷往日時光型，老說著：「想當年我……」）

推銷決勝點在初訪40秒

因此，隨著職位的晉升，推銷時間愈來愈少，演出卻要愈來愈精彩（因為愈來愈多的人在看嘛！）所以必須具備高「效率」的推銷能力。剛剛講它建立在三個要素上。第一要素：高專業化。保險法規、條款請背熟，如果推銷的現場聚集了各大門派的高手，你更得朗朗上口：(1)保險法第一一二條遺產及贈與稅法第四條第九款規定：約定於……(2)所得稅法第四條第七款規定：人身保險之保險給付……(3)保險法第一二三條規定……被保險人破產時……，每背一條就可擊退一個對手，知難而退嘛！真金不怕火，不怕貨比貨，只怕不識貨，這樣，不是快速提升你在準客戶面前的地位嗎？何競爭之有？

第二個要素：提高形象化。因為推銷的決勝點在初訪的40秒，也就是準客戶抬頭看你一眼的剎那，所謂剎那即永恆一點也不錯。所以，我們非得要非常注重儀表不可，一站出去，就是成功者的樣子（先要有成功的樣子才會成功），

右：南山人壽陳靜英女士，林裕盛口中的陳媽媽，也是他最敬重的導師。
左：林裕盛於紐西蘭皇后鎮高空彈跳。

讓客戶眼睛一亮，其他的sales都甭比了，一將功成萬骨枯，是其他公司的sales都枯了。高形象化當然要從儀表、服裝、髮型、配件、公事包、手提電腦，小至皮鞋襪子都要仔細打點，任何一個小細節的疏忽（深色西裝黑皮鞋然後來一雙白襪子，拜託千萬使不得！）都會造成無可彌補的損失；相反的，如果一個sales看起來神清氣爽、格調高雅，眉宇間透露著自信的神采，讓人有乍見之歡，那不是兵不血刃，未戰先勝嗎？誰掌握了高形象化的先機，誰就是這一場仗的贏家。

人脈一開，生意滾滾

談case是講感情＋邏輯，中國人做生意在一個「情」字。因此，有

關係拉關係，沒關係找關係，有關係沒關係就發生關係，不是嗎？扶輪社、青商會、獅子會、傑人會、宗親會、同學會、同濟會、結拜會，無會不與，以會養會，以會腳鞏固會頭，以服務代替推銷，養兵千日，用在一時，人脈一開，生意滾滾而來，擋都擋不住。

但是，切記，人際關係是需要經營的，不是從天上掉下來的。需秉持(1)時時反躬自省：這樣做能改進我的人際關係嗎？(2)隨時顧念他人，思索如何能幫助他們。(3)力求施之於人，多於受之於人。如此，假以時日，必能在任何團體大受歡迎，從而廣植人脈了。有了以上三要素，在推銷上必能增進效益，無堅不摧，碧血洗銀槍、怒馬踏青苗（沒那麼可怕啦！）而建立起主管的最最重要的能力——高「效率」的推銷能力。

銷售之六大必要

1. 必要乍見之歡：

儀表要無懈可擊，切不可邋邋遢遢！

超過百分之八十的業務員不懂得重視自己的儀表，結果在初見準客戶的那一剎那就已被淘汰，早早注定了這場早夭的銷售，不管日後經過再多的努力都已於事無補。

結果是，愈沒業績愈邋遢；愈邋遢愈沒業績，如此惡性循環之下，陣亡也跟著鎖定！

2. 必要久處之樂：

輪盤式轉換話題，直到客戶的眼光發亮為止！

久處，在於建立客戶對我們的信任感。新手總是急切的切入產品，殊不知產品是你的領域、你的專長，消費者心裡是一種防備狀態，你說得愈多他的防備心就愈重，信賴感就愈不容易建立。這時要從他熟知的事情入手，先順著客戶的興趣感覺走，輪盤式轉換話題，接著不忘請益、鼓勵＋讚美，直到客戶的眼光發亮為止！

客戶願意跟我們聊天，願意跟我們久處不膩，一旦辛苦贏得準客戶的信任，訂單就已贏得了一半！

3. 必要彬彬有禮：洞悉應對進退，笑看人情冷暖。

我們這個行業最大的困難在於**無數的拒絕**；**難以承受的人情冷暖**；**隱晦不明的人際關係**；**難以掌握的應對進退**。這些功力都無法速成，都需要時間的磨練與體悟！

所以必要每天掛著溫暖的笑容、積極的能量，笑看人情冷暖；並彬彬有禮、洞悉應對進退，從容於疆場之上。

2011年，永豐通訊處獲頒「業績奪魁」匾額。

4. **必要堆積情感：**所謂經營不過是養交情！

當我們跑到不好意思再跑的時候，就是客戶不好意思不保的時候。

這句話的直接含意就是，用勤跑去堆積情感，只是太多的業務員為山九仞，功虧一簣，最後，所謂的成交，不過是把經年累月養好的交情用上。

5. **必要深信保險：**客戶或許看不懂建議書，沒可能看不懂你的表情！（是不是在騙我？）

要明白，我們進行的是一項深具社會意義的mission，我們憑什麼賺到commission？

（仔細想想，每銷售完成一份保單，是我們賺的多呢，還是客戶的保單利益高？）

6. 必要誠懇相求：套交情＋肯求人＝快樂成交！

保險就是求人的工作！（我們的尊嚴是在成交之後）你不去求客戶，難道叫客戶來求你?!

求人有什麼不對？一個力爭上游的年輕人求一個已經成功的人拉拔他，天經地義、天公地道；更何況，我們是為了救人去求人！

有了高效率的推銷能力，我們開始往左右發展（見下頁圖一）。右邊為第二個能力：選擇業務人才的能力，左邊為介紹壽險事業的能力。會介紹壽險事業，卻不會選擇人才，你的業務班底必定很差；會選擇人才，但不會介紹壽險事業，則根本無業務班底可言。準增員對象若以大方向來取捨，他必須具備三個條件（見下頁圖二）：(1)自我驅策力（企圖心、縱軸）；(2)感覺能力（親和力、橫軸）；(3)具市場性（第三座標、立體）。(1)和(2)為絕對條件，沒有免談，(3)為相對條件，「有」則加分，「無」可培養。

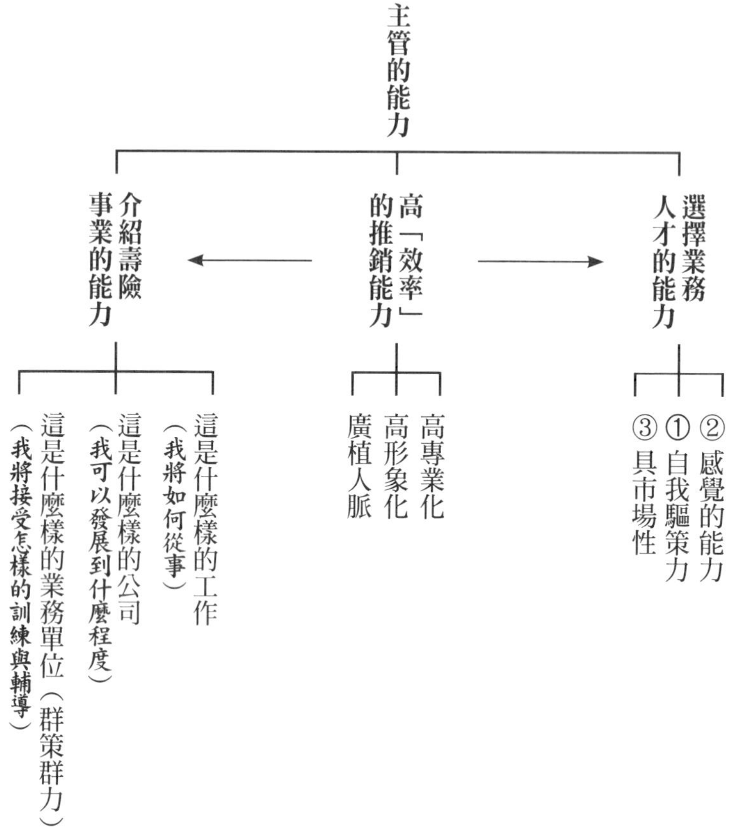
主管的能力
介紹壽險事業的能力
高「效率」的推銷能力
選擇業務人才的能力
這是什麼樣的工作
（我將如何從事）
這是什麼樣的公司
（我可以發展到什麼程度）
這是什麼樣的業務單位（群策群力）
（我將接受怎樣的訓練與輔導）
高專業化
高形象化
廣植人脈
② 感覺的能力
① 自我驅策力
③ 具市場性

【圖一】

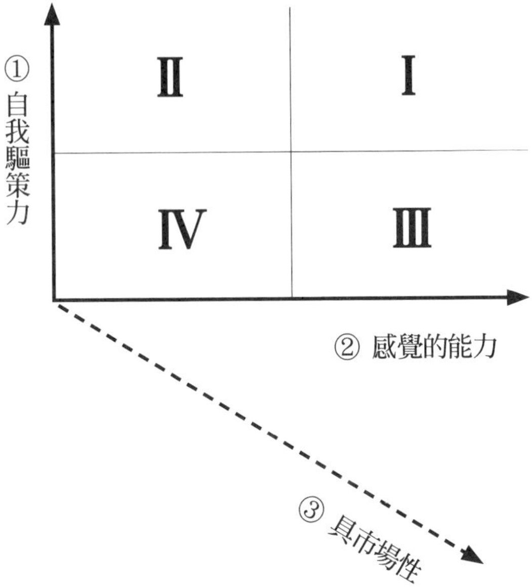

95%(I)　50%(II)　50%(III)　5%(IV)

感覺能力（親和力）／自我驅策力（企圖心）

(Ⅰ)：有企圖心又有親和力
95%成功率

(Ⅱ)：有企圖心無親和力
強力推銷客戶翻臉
50%成功率

(Ⅲ)：無企圖心有親和力
聊天型業務員
50%成功率

(Ⅳ)：兩者皆無
5%成功率
增員他做什麼？！

(A)具①②條件：值得增員
(B)具①②③條件：強力增員
(C)①②③均無：不必增員（氣身勞命）

【圖二】

中國青島MDRT（百萬圓桌會）特訓營課程會場，作者以激勵人心的演講，為學員開啟成功契機。

特训营
东北地区MDRT特训营
一起成长
一起成功
环球剧场
18
16
14

Chapter2

增員循環

要走得快，就一個人走；
要走得遠，就要一起走。
但沒有增員循環，沒有紀律的增員，就沒有人
沒有人，什麼豪情壯志也無法實現！

第五章

準增員對象何處尋

增員的來源可以是：（一）影響力中心介紹。（二）原來的客戶。（三）在市場上陌生式訪得。

我們前面提到正確的增員心態為：寓增員於推銷之中、不斷的推銷，不斷的增員，以推銷帶動增員。所以，準增員對象即是在市場。

增員的來源可以是(1)影響力中心介紹；(2)原來的客戶；(3)在市場上陌生式訪得。就(1)來講，影響力中心（Center of Influence）可為業務的C.O.I.或為增員的C.O.I.，關鍵在於你要將需求告訴他，否則，他怎知還要幫你介紹member呢？

善用影響力中心

放張名片在C.O.I.的桌墊下，告訴他：「如果有其他行業的sales來叨擾您，或者您認為他是可造之才，不要忘了通知我一聲，現在我的職務晉升了，除了保單的銷售外，尚肩負了人才的吸收和培養，有機會，請您多物色物色和關照，不勝感激。」你看，這不就得了！總之，善用影響力中心的人脈及他的熱心助人。介紹新人與介紹客戶存乎一心，只是觀念的轉換而已。

舉一個影響力中心介紹的案例與大家分享：

兄弟隊投手張永昌的太太，我們叫她王罕，在兄弟飯店三樓台菜部當主任，謝榮瑤（已故棒球名人徐生明的夫人）當初介紹我去的時候很快的就close了。之後，我常去捧場，帶家人或客戶去，反正要吃飯，為什麼不到自己的客戶店裡去呢？我們知道，服務客戶要做到兩點：(1)永遠的售前服務；(2)服務要超出客戶想像的水準。

業務做得好要有四多：(1)多開發：開發準客戶賺取佣金的百分之九十八，銷售技巧只占佣金的百分之二。(2)多接觸：接觸有電話、書信、親自拜訪等三種。尤其是親自接觸，我們知道：推銷的關鍵在於拜訪，拜訪的關鍵在於面談（也就是接觸的意思），面談的關鍵在於有力的詞句。(3)多進修（學習與改變）。(4)多服務。也就是前面提的那兩個重點。而照顧客戶生意則是讓客戶最開心的事，也是最上層的服務技巧之一。試想，你給他他想要的，他就會給你你想要的，光叫我買你的保險，照顧你的生意，那我的生意你為什麼視若無睹，不幫忙一下？

生意是有來有往嘛！當時的尼斯堡銀樓在忠孝東路二段建國北路旁，七十五年時店在衡陽路中山堂後面那一帶，主其業者是白太太。這個case當初是柯達（47街鑽石公司柯董的弟弟，後已獨立經營Adina珠寶：日本進口，俗擱大碗）介紹我去的，大約是和廣德銀樓同時在進行。後來廣德成交了以後，白太太那邊還是一籌莫展。每次從尼斯堡出來，白太太也都含笑相送，不像討厭我的樣子，但為什麼就是收不下來呢？我苦思對策。漸漸的，眼睛裡浮現那一片黃澄澄的金飾，我突然若有所悟：改天帶老媽去買只戒指試看看。

別忘了幫客戶賺錢

過幾天我真的帶著母親去尼斯堡參觀，行前我告誡阿母東西不能看太貴的：

「那，到底能看多少錢的？」我媽問。

「兩萬元以內。」我說。

「兩萬塊，蝦是抹買啥？」老媽嘀咕著。

怎麼能虧本呢？你們說是不是。後來母親挑了一只玉戒，不大，剛好在預算之內。告辭的時候，白太太綻出開懷的笑容。那一天，絕口不能提保險，買東西歸買東西，好好扮演我們客人的角色。上不上路，下次再去時便見分曉。

過了五天，我再次登門拜訪，這次老闆娘不再推拖拉扯，很愉快的簽約給錢：FYP六萬元。為什麼，很簡單，你們都會答了：你照顧我的生意，投桃報李，有來有往，我當然也照顧你啦！所以，不要忘了幫客戶賺錢，切記。

再拉回主題。王罕看我經常去光顧，有一次，記得是民國八十年元月，趁著我帶太太小孩去吃飯時，王罕把我拉到一旁：「等一下幫你介紹三個人：我們同事，成不成就看你自己了。」

「林裕盛，來來來，我跟你介紹，這是金蘭、秋香，趕快給名片啊！」

「不會是藝名吧！金蘭、秋香。」我打趣著說。

「講什麼話，人家是邱金蘭、林秋香，什麼藝名，愛說笑。」

我就在三樓的樓梯間和她倆寒暄、閒聊了一下，兩位都是在台菜部跑檯的（幫客人端茶、遞送茶水、毛巾等），也問了她們的出生年月日，大概的預算多少？

「不要太多啦！一年兩萬多就可以。」兩人異口同聲的說。

「喔，沒問題，改天送建議書給妳們。」我笑答。

借力使力，成功在望

這樣子的對話最後當然是成交了（有意願嘛，又經有力人士大力推薦），後來兩人都離開兄弟飯店，金蘭回高雄，秋香去了當時的新同樂忠孝店，有一次我去吃飯，被秋香認出來，大叫我一聲，嚇我一跳，怎麼變這麼漂亮，哎喲！還升副理了呢？不簡單哦！

主角呢？喔！——麥淑燕——秋香、金蘭介紹完畢後，王罕又跟我說：

「等一下還有一個，告訴你，這個不一樣喔，很有氣質，學問擱真深……」

我心想，騙ㄒˋㄧㄠㄟ，捧菜的多有氣質，我又不是沒見過。來了來了，王罕說：

「麥，我跟你介紹，這個就是大名鼎鼎的林裕盛，我跟妳提過很多次的那個。」我聽了很不好意思。

「哪裡，哪裡，美娟（王罕又稱）亂講的，誇大其詞。」我一邊講，一邊打量著她，她也定定的帶著微笑看著我，清秀中自有一股靈氣。

「欸，真的不錯哩！是有那麼一點味道喔！」我心裡這樣想，是跟一般端茶小妹抹扛款（不一樣）。

「果然不同凡響，美娟說妳很有氣質咧，不一樣啦！」

「欸，人家是師大英語系的咧，美國在台協會Ａ什麼Ｔ。」

「ＡＩＴ。」麥補充道。

「對了，ＡＩＴ做了七年，才跑來我們這裡磨練磨練的咧！」美娟說。

聽到師大英語系，我眼睛一亮，登時引起了我的好奇，想問她家的電話。

「幹什麼！」她問。（這小妮子防衛心滿強的。）

「放心！人家有老婆了，又有兩個調皮搗蛋，不會害妳啦！」美娟幫我說話。

準客戶型態分三大類

就這樣，初次和麥淑燕見了面，印象深刻，不太好推銷（精明幹練）的樣子，可能可以從增員著手。山不轉路轉，路不轉人轉，妳愈有靈氣，腦袋愈聰明愈好，統統轉到南山來。我心裡這麼盤算著，卻也急不得，看看怎麼進行。

那一天之後，我忙著做金蘭、秋香的case。雖然有關係，但不熟，所以也花了一段時間來設計建議書、約訪、會談。兩個小女生都是從南部上來，人生地不熟，的確需要一份保險，但也因人生地不熟，不太容易相信人，所以延宕至今尚未投保。現在還好出了個美娟好意介紹，美娟平常做人成功，屬於大姊頭那一型，當然不會介紹什麼壞人，再看看林裕盛這個人，好像真的不錯又很敬業的樣子，那就跟他保算了。

所以美娟提供「感情」的因子，我們尚得加強「邏輯」的因素，才會等於close。剛剛提到「有關係，但不熟」的準客戶型態，其實，整個準客戶型態分為三大類，假設準客戶就像一塊蛋糕，最內層最好吃——有關係又熟，屬於從小到大的死黨、死忠兼換帖，欠你一堆人情，換言之，不找他則已，一出手便可close，這種客戶要趕快去吃，謂之洞口球。打過撞球的都知道，吃完洞口球，然後才拉遠球，繼續作球，其實經營客戶，就跟敲桿沒啥兩樣，天下道理攏嘛也通。

「結拜」就是你去「拜」一下碼頭，就得「結」束（close）的意思，不然，在拜假的呀！中間這一層就是：有關係但不熟。也就是C.O.I.介紹出來的，有

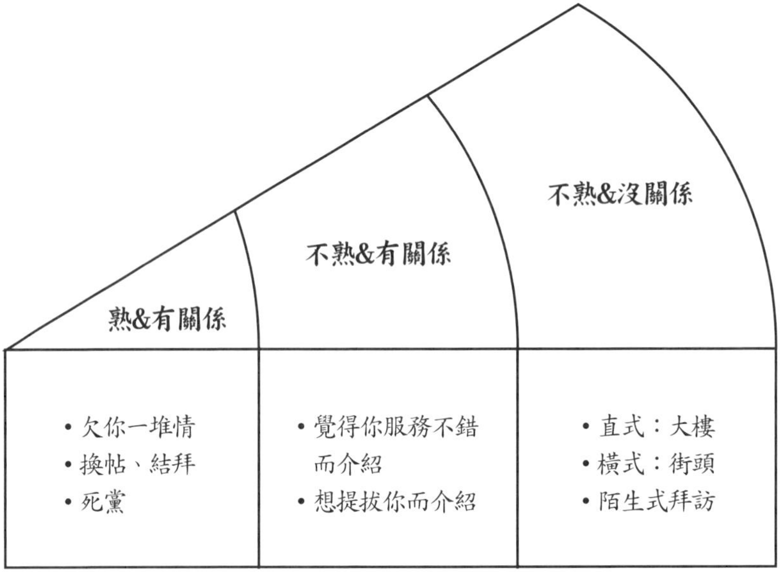

C.O.I.的「關係」，但你和他「不熟」。所以經營起來，比A級困難一點，但只要稍下工夫，展現你的實力、魅力、苦力，close也不難，為什麼？有C.O.I.做強力靠山嘛！為什麼影響力中心要幫你介紹？兩個主要原因：(1)感覺你後生可畏，值得提拔，人不都需要拉拔嗎？所以感動於你的敬業及企求成功，提拔栽培你。(2)感動於你的服務超越他要求的水準，希望他的朋友能享受到同樣的服務，所以為你介紹。兩個原因都在於一個「感動」！切記。

乘勝追擊，緊追不捨

最外層的準客戶群，最硬，

也最耗時間：沒有關係也不熟。陌生式拜訪就屬此類，經營這類case少則個把月，長則一年半載，沒辦法嘛！誰叫你一點人際關係都沒有，那就透過cold canvassing（或稱cold calling，陌生電訪、冷推銷）開始培養人際關係吧！所以有些人為什麼初入行就業績嚇嚇叫，人家以前做人成功嘛！人際關係頂棒，因此，人面好的入門不去找這人面投保，真是暴殄天物，把自己降為無人際關係者一起比賽，傻瓜一個，你的親朋好友又不是住在銅牆鐵壁裡，所有的sales都攻不進去!?

八十年二月我又去兄弟吃台菜，順便買了三盒瑞士蓮巧克力做伴手，金蘭、秋香笑得好開懷（總算沒保錯人），美娟也一盒，邊晃著巧克力，美娟邊對我小聲說：

「你有沒有跟麥淑燕聯絡？她快離職了！」

「什麼！」我一聽非同小可；機會絕佳卻也絕險，差一點讓她跑掉了，那就代誌大條，趁著局勢尚未明朗，趕快切入。

「有沒有決定要去哪裡？」我問。

「好像還沒欸！」聽畢我鬆了口氣。

「欸，麥，」麥遠遠走來，「你們又來了啊！怎麼我沒有巧克力？」麥玩笑似的說。

「弟弟，你那盒給姊姊。」我向兩兒求情，結果沒人甩我。「不——要——」兒子嘴嘟得好高，氣死我了。「沒關係，下次再補妳一盒。」我趕緊補充。

「唉呀！跟你開玩笑的啦！」麥笑盈盈地說（由此可看出麥的善體人意）。當天晚上，我一通電話打到她住的地方（拿到電話號碼後第一次，兵臨城下了，事不宜遲）。

「麥——聽說妳要離職了。」我問。

「你聽誰說？」麥答。「還有誰！」

「喔！你消息真靈通吔！」麥笑稱。

「不靈通怎麼行，大魚都快酸溜了，不撒網就來不及了，準備去哪裡？」我繼續問。

「還沒決定，還在check中。」我放下心中的大石。

「要不要聽聽我的意見？」我乘機說。「好呀！洗耳恭聽。」麥答。

「如果妳只是要換另外一個『工作』，還是領薪水的話，又何必走？」我分析道。

「怎麼說……？」她不解的問。

「領薪水在哪裡領都一樣，更何況這邊待遇也不錯，又有年資的累積，年終獎金又豐厚，一個工作換到另一個工作，何必呢？但如果，妳是要出來創業，胸懷大志，那就另當別論了，何必留！所以，妳要換到哪裡去，端視妳去的地方是什麼樣的性質，如果是領薪水，何必走；如果是創業，打拚天下，何必留！」我斬釘截鐵說。

「……」電話那頭沒有聲音，陷入沉思了。（後來聽麥說，當初這段話讓她震撼不已。）

「能不能約妳吃個飯或喝個下午茶，詳談一下？」我乘勝追擊，要求面談。

「好哇！你看什麼時候？」她倒乾脆。

「後天下午兩點半，在我們兄弟對面的茶藝館，這樣，妳在lobby等我，中午下了班我帶妳過去。」

「OK！一言為定，後天下午兩點半lobby見。」

取得面談機會，就往增員之路邁進一大步了！

第六章 決戰性的成功面談

這一次的面談你必須推銷增員對象——你確實可以帶領他邁向成功。

那一天的面談至為重要，是決戰性的面談——Decision talk（Final talk）。這一次的面談，你必須推銷增員對象，告訴他，你確實可以帶領他邁向成功。同時也要確定他是個良才，屬於三度空間的有親和力、企圖心兼具人際面的「傾全力增員」人才。

完備齊全的Final talk資料

Final talk的資料：

・公司制度資料夾：公司背景、歷年保費營收成長概況、股東成員（若為美商則須介紹總公司的沿革及評鑑資料）。

・個人得獎紀錄夾：各種資格檢定合格證書、通訊處得獎紀錄及總公司得獎紀錄公文備查、受邀演講之卡片及感謝函。

・照片檔案夾：高階頒獎給你之合照、國外旅遊獎之照片（配合當地之背景）、通訊出遊、尾牙宴、進修會之獨照或合照、家居生活照片（能顯示全家和樂融融及豪宅之裝潢為優）。

・通訊處同仁檔案夾：顯示加入公司之動機、日期、得獎項目及年收入。包括年齡、以前就讀學校及上班場所（勾起準增員對象的同質心）。本資料附同仁照片尤佳。先熟悉，下次帶到通訊處去時才不會陌生。

所謂眼見為憑，書面的資料證實你講的話。所以資料的收藏、累積、整理非常重要，要下功夫去做，免得到用時方恨少，光憑嘴皮子是成不了事的。

我們知道，增員，有四件事情我們要讓準增員對象確信：

(1)推銷他確實有轉行的必要。
(2)推銷他人壽保險確實是一個事業。
(3)推銷他你確實可以帶領他邁向成功。
(4)推銷他我們是一個勝利的團隊。

這四件事情做得不扎實，則好事無法臨門。準增員對象會一再猶豫。因此，每一個步驟都不能省，要不斷的反覆研究，哪一個步驟做得不夠，趕快加強。前述的展示資料，解決了(3)(4)兩項：確信你可以帶領他邁向成功及我們是一個勝利的團隊。第一項是非常隱而不顯的，除非他有轉行的意識，否則難以增員。有時候，轉行意圖不易察覺，需要我們細心耐心的抽絲剝繭，才能找出癥結，對症下藥。看是對方不滿意，還是公司沒前途，或者同事之間互相傾軋、工作沒有成就感……諸如此類。有時候，一個人新進一家公司兩、三個月，雖然相信你講的都對，但是對於現職充滿新鮮感及好奇，一時之間不會想轉行。這時你必須耐心的等待，因為timing不對。只是不要忘了，等待的同時你要持續成長，不能原地踏步甚且愈做愈差，那是會讓人「看破手腳」的！

專業敬業的成功形象

人壽保險是不是一項事業，也要看你準備的資料囉。提供影音資料、書籍給你的準增員對象看。除非他已相信人壽保險是一項事業，否則不要增員他，注意：打底的過程一定要扎實。寧可進來之前了解透徹，多考慮，進來之後才好輔導，不會邊做邊懷疑（人家是邊做邊學習），累得你哇哇叫！決定下一次就好，不能老是不決定（今日決定進來做，明天決定不做了；後天想想還是可以做；大後天又反悔了！）此恨綿綿無絕期，何必呢？你說是嗎？所以，每一個步驟都不能偷懶，偷工減料的大樓倒塌得快！

面談時麥淑燕看了我那一大疊的資料，眼睛睜得老大（看都看傻了！），感動於我們的專業敬業與有備而來。

「這些資料只是要妳確信，我可以成為妳的師父！」我說。（要讓準增員對象的心裡非常踏實。）

「嗯！」麥點了點頭。

「然後呢？」麥問。

「讓我瞧瞧妳是否能成為我的徒弟！」接著我問了兩個關鍵性的問題：

①美國在台協會待了那麼久（七年），有沒有留下名片？

②兄弟飯店台菜部整天幫人家端菜，有沒有留下名片？

橫、縱座標都有了，查她的立體座標：人脈的有無？

麥不疾不徐的從包包裡掏出兩疊名片，厚厚的各用橡皮筋綁著。

「有欸，客人都好喜歡我給他們點菜喔！我都有留下名片欸。」她說。

果然早有預謀，此鳳絕非池中物，只待飛上天外天。

「ＯＫ！」雙方考試合格，相互交會的眼神在夕陽餘暉裡顯得格外的燦爛，彷彿瞧見了未來是璀璨的一片光明。

八十年三月十日茶藝館Final talk。

八十年三月二十日麥通過總公司新人基本教育暨考試。

八十年三月二十四日離開兄弟飯店進入南山。

麥淑燕／永豐營業處

45年5月6日出生
64年斗六高中畢業
69年師大英語系畢業

加入南山之前：

1. 合格國／高中教師，年收入35萬。
2. 美國在台協會簽證組（AIT/TSS）7年，年收入35萬。
3. 兄弟飯店台菜廳1年，年收入35萬。

加入南山原因：

1. 向高薪挑戰。
2. 人性化的工作環境。
3. 制度首屈一指（經比較其他外商公司後）。

加入南山日期：80年3月25日。
晉升主任日期：80年10月1日。年收入99萬。

得獎紀錄：

四星會會員。
最佳業務代表。
80年度光輝10月競賽業代組14名。
80年度永豐營業處個人四傑第一名。
80年度榮譽會金質獎業代組。

八十年年收入994,012元晉升主任。

八十二年年收入2,979,961元晉升襄理。

八十三年底結了婚，老公為她增員的member元家雄，郎才女貌，只羨鴛鴦不羨仙。襄理位置換給老公，安心做個終身業代及快樂的小婦人。成功不難不是嗎？下功夫，member就在你身邊，端視您如何去經營及close！

佘嘉伶／永豐通訊處

69年3月21日出生
90年正修技術學院電機工程科畢業
目前就讀德明財經科技大學附設進修學院財務金融系

加入南山之前：

國際領隊、珠寶銷售人員
保全業務、PUB吧檯
展場／活動／婚禮主持人

加入南山原因：

賺錢與學習。

加入南山日期：92年5月21日。
晉升主任日期：97年10月1日。

得獎紀錄：

101-103年人力發展超級盃。
101-103年主管組榮譽會。
103-104年高峰競賽。
103年度通訊處榮譽榜　區經理組　第三名。

★另一位成績斐然的區經理簡歷。

第七章 針對需要攻城掠地

製作建議書就像醫生下診斷一樣，除非找到難題，否則難以切入。

接下來我們看另一個實例：

社團是發展人脈，也可說是用錢買關係的場所。從社團裡做case的例子比比皆是，只要你熱心服務，不要太心急，慢慢的社員接納了你，打開心扉，你就有機會做成case。

廣結善緣，攻無不克

有沒有可能增員呢？

Of course！我們知道，任何人碰到我們都只有三條路可走：

①跟我們買保險。

②跟我們走（賣保險去）。

③介紹客戶或增員對象給我們。

不是嗎？

一般來說，青商會的成員年齡層比較低，年輕人聚在一起，無話不說，是增員的好地方。我就很後悔早年沒有機會去參加青商會（沒有人告訴我們），現在過了年齡，無法回頭了，只好參加扶輪社。青商會的成員年齡大約在三十五歲以下參加者居多，在台中，我有一群客戶是大墩青商會的成員，有的已經ＯＢ了（Old Bone縮寫，意為超過四十歲），他們的感情非常好，經常在一起聯絡、開會，甚或打球（Golf），ＯＢ以後可以組ＯＢ會或者另組扶輪社，所謂有朋常相聚，不亦樂乎!?（一般來說，青商會是每月開會一次，獅子會是兩個禮拜一次，扶輪社則是by week，聚餐兼專題演講，交誼與求知並重，美國管理大師彼得．聖吉云：學習型組織是也。）

我要談的是許天發，四十四年次，大我一歲，博愛扶輪社的社友。平日聚會時不善多言，溫文儒雅，一襲灰色的西裝有著讀書人的典雅，素淨的臉龐流露自信與體貼的神情，讓人不禁想與之接近，多琢磨琢磨，怎麼有這麼清閒的氣質。後來慢慢才知道（有時候忙，我也不常去開會），Dennis（天發兄英文名）在DHL任職人事部經理，政大碩士，太太在華信銀行任放款監督，夫妻倆學養俱高，恩愛逾恆。也難怪Dennis有如此穩重的人格，位高權重，學歷也高，交友三益的友多聞，應該多親近親近。

莫問客戶「好不好？」

有一次到建國北路、長春路口去看一個客戶，剛好Dennis的公司就在交口那棟大樓樓上。那棟大樓正是八十二年台視《熱線追蹤》採訪我時，我帶他們去做陌生拜訪示範的那一棟。

既來之，則訪之。心裡唸著，此時電梯已到了五樓DHL公司門口。

「請問Dennis在嗎？」

「您哪裡？」

「我Jerry，扶輪社社友！」

通報去了，接待引我進Dennis的office。

「哦！Jerry，什麼風把你吹來！」Dennis一臉的笑。

「來附近，想想你在這裡，專程來看你。」寒暄了一下，我切入主題。

「除了公司的團保外，應該有很多sales來找你吧！」肯定外商公司會保員工的Group，探測個人保單有、無；有無在進行。

「有啊！一直有人在聯絡，但以前都沒什麼興趣，最近，我和太太聊起，好像開始覺得有需要了……」

來得正巧。你看，「寧可白做，不可不做。」威力多大。不敢見客戶，光猜有什麼用，客戶還沒拒絕，自己的雙腳已經凍結在office的門檻外，多可惜呀！既然有人來談，又有興趣，當下決定策略為：A排除異己；B針對需要；C攻城掠地。

不管經過幾次的初次調查面談，都要達成一個目的：下次做一份建議書給您看看。注意，不能接著說「好不好？」百分之五十的機會說不好，那你不是糗了；應是「保不保沒關係」（怎麼沒關係，只是鬆懈他的防禦攻勢，讓我們取得講解建議書的機會）。

建立推銷轉增員的概念

因此，製作建議書就像醫生下診斷一樣，我說過，人壽保險是一個solution，除非找到難題，否則難以切入。所以，面談的目的就在邊談邊想，業務員此時的腦筋必須轉得非常快才行，既要符合客戶的興趣，又要應和客戶的語氣，軟硬兼施，不卑不亢，在天馬行空中理出一條頭緒。

「那位業務員有沒有常來？」

「你對她印象怎麼樣？你們什麼關係？」

「送建議書沒有？」

問出對手的勤勞度、關係、進度，再審度自己贏的機率，不要糊裡糊塗硬上，到時候滿頭包，不要怪我，Be smart! OK!?

「你們公司的員工計劃是什麼？」

「為什麼還沒買保險？」

「你對退休的看法如何？貴公司的退休金多少？」

「有沒有需要更多的醫療險？」

「終身險你了解嗎？最後消費額誰來支付？」我準備切入產品，開始思索產品的規劃。

「你還租房子啊？為什麼？龍江路榮星花園旁，什麼？三十幾坪只租一萬元，哪一個大善人？劍潭古寺財團法人！難怪，附近其他房子的租金如何？兩萬左右吧！喔！那你們豈不省了一萬元租金，那保險費就有著落了！租房子送保險，划得來吔！」我說。

要不是業務員腦袋靈光，對房租有點概念，抽絲剝繭，幫客戶找錢，這個案子恐怕沒那麼容易。

其實也沒那麼順，Dennis相當尊重太太的意見，眼看八十二年高峰沒辦法進來，只好參加完第六屆美西國外旅遊回來再談。回來後給Dennis一支口紅麻煩他帶回去問候大嫂，並約在希爾頓飯店二樓牛排館Final talk！那一餐賓主盡歡，牛排館經理Sonia也是我客戶，所以招待特別殷勤，夫婦倆吃得開開心心，建議書就能長驅直入，IPLP五十萬加20EP五十萬夫妻各一份，FYP接近十萬元。

記住，創業是每個男人的夢想

那是八十二年五月的事。接觸→close：三個月。

Dennis在DHL月薪也有七萬元，一年下來，加一加也有百萬年薪，好不容易爬到人事部經理，這種人怎麼增員？

「Dennis，你有沒有想過創業的念頭？」

送保單去的那一天，我突然問一句。

「這個工作，會不會厭倦？」

「出去創業是每個男人的夢想，我想你也不例外，但萬一把本虧掉了，豈不慘，有沒有想過還有其他的路子：無本創業！」

尋找轉換行業的線索，隱隱約約看出Dennis眼中的一點光芒，一閃即逝，嚴肅的問題，專注的眼神，終必能捕捉得到。

提供兩張資料給Dennis看：

（一）$S=(EE+CT+SP)DD^{b}$（下頁圖一）

S＝Success。

EE＝Educational、Experience過去的教育、經驗。

CT＝Creating Thinking創造性的思考。

SP＝Selling Personality銷售傾向的人格。

DD＝Directional Drive一定方向的努力。

b＝break（機運）。

（二）推銷人壽保險的特權（下頁圖二）

八十二年初時，我意識到要擴充通訊處的人力，必須有相對的活動來搭配，part-time的member及想了解人壽保險事業的人，必須有一個活動讓他們來參與，現役的成員也能共同學習。頻率也不能太少，每個月一次太慢了，於是活動慢慢成形：

・每週一次。（加強頻率型）
・夜間活動。（其他行業的人都可以來）
・外聘講師。（現役人員也有興趣參加）

鼓勵Dennis來參加我們的「夜間週會」，告訴他：

・除非你真的了解，否則不要來做。（推銷他人壽保險的確是一項事業）
・你要親自來聽，不要光聽我講。
・將來這是你自己的事業，所以請主動來參與：每週一晚上的時間務必空下來，也不要我東催西請。

後來Dennis真的整整聽了八個月。（八十二年六月我到北京開高峰會議，Dennis還是照常參加夜間週會，顯示他的企圖心十足。）

$$S = (EE + CT + SP)\,DD^{b}$$

除了推銷人壽保險之外，

還有其他什麼行業能夠為你提供下列機會：

- 以一百五十元的資本開創自己事業？
- 只有客戶是你的「老闆」？
- 所獲得的報酬跟你的才幹和工作成果成正比？
- 你可以賺得無限金額的收入？
- 可以安排你自己的工作時數？
- 挑選你想拜訪的對象？
- 專心工作而不需要擔心你的配額被提高了，或是你的銷售地區或佣金比率縮減了？
- 你的成功模式決定於專心工作，同時又不需要依靠你向總公司的負責人或高階層人士「奉承討好」來做功夫。
- 你的成就完全無損於其他同仁的發展——身居同仁之間沒有妒忌或惡性競爭的職位，反之亦然？
- 跟其他大多數行業所面臨的工作壓力與日俱增的情況相比較，從事這個行業隨著你的年齡日漸年長而愈來愈簡單，愈來愈不吃力？

不用再尋尋覓覓了——

除了「推銷人壽保險」之外，

沒有其他任何行業，能夠提供這一切。

【圖一】

推銷人壽保險的特權
成就一份偉大事業的特權

推銷人壽保險提供了許許多多的特權……這些特權使你得以成就一份偉大的事業。想想身為一名專業的人壽保險業務員，你所擁有的特權。你將有權：

- 推銷最好的一項產品，這項產品為人提供完整而均衡的屏障，以免受到人人都將遭遇的兩道經濟危機的威脅——活得太久或死得太早的危機。
- 了解人壽保險如果銷售得當，對你的客戶所代表的價值並非你所賺得的任何佣金所能夠比擬。
- 選擇你的顧客——建立你自己的客戶網。
- 想賣多少產品，就賣多少產品，而不需要擔心存貨的問題。
- 經營你自己的事業，卻不需要支出大筆資金。
- 在這個行業裡訂定可以達成的、值得的目標，而這個行業隨時都有源源不絕的觀念可以幫助你如期達成這些目標。
- 選擇你想定居與推銷的地區，不論你定在何處，你所賺的佣金都是一樣的。
- 成為這個穩健行業的一分子。在這個行業裡，你可以確信：真誠、明智的努力絕不白費。
- 在一個鼓勵你讀書——以獲得知識並改進你的推銷技巧——鼓勵你成長、並且鼓勵你展現你最好的一面的環境中追求卓越。

【圖二】

八十二年五到十二月參加活動。

八十三元月到永豐報到。

八十三年七月晉升主任。

後來在木柵訂了威京集團蓋的房子：夏目漱石，當時八百多萬，來南山，圓了購屋夢。

‧敢開口談增員。（把自己建設為海參崴軍港，隨時可以停泊航空母艦。）

‧資料配合。（見下一章）

‧牢記增員的四個推銷步驟：

①推銷他確實有轉行的必要。

②推銷他南山人壽確實是創業園地。

③推銷他你可以帶領他邁向成功。

④推銷他我們是一個勝利的團隊。（要建立勝利的團隊，當然必須有高品質的增員，要高品質的增員，自己首先成為一流，這是善的循環。）

‧通訊處辦的活動必須配合。

‧通訊處的成員必須熱情有勁。

由熱情邁向熱鬧，

熱情的島嶼——人氣沸騰，

冷漠的城市——曲終人散！

第八章
俗世中武功不知誰高

論武功，俗世中不知拚個高，或者絕招同形異路。推銷可以陌生式，增員當然也可以陌生式，但看你的武功如何了。

前面提過的麥淑燕是C.O.I.（影響力中心）介紹的：許天發是客戶轉換的。嚴格說起來，應該也是屬於市場開發，但因有那麼一層扶輪社的關係，所以還是把他歸為客戶轉換。所謂市場開發來的業代應是定義在本來完全不認識上，這樣子增員進來才真是藝高人膽大。推銷可以陌生式，增員當然也可以陌生式，但看你的武功如何了。往下看看曾淑惠的成功案例。

敏銳觀察，勇於讚美

八十二年五月我到台東去做case，順便看看出名的知本老爺大酒店是啥樣子，那天通訊處辦進修會時可否來這裡。傍晚時客戶請我到當地最負盛名的「阿娥海鮮店」去打牙祭。地點在富崗，臨東海岸邊，難怪海產如此新鮮與便宜。阿娥的店沒什麼裝潢，吃的是道地的口味及價格公道，所謂三好一公道真是一點也沒錯。我和同行的人點了幾樣菜，我意猶未盡想再繼續點，沒想到此時有一個聲音冒出來：

「先生，夠了啦，別點那麼多了，吃不完再叫嘛！」一個小女生拿著點菜紙條站在旁邊。

「喔！這樣子，也好。」老大不情願的回到座位，心裡面嘀咕著，怎麼有這樣的職員，嫌客人點得多。不過，她講得也有理，免得吃不完浪費。當下對她開始產生好感與好奇，邊吃著邊打量她。這小女生是什麼來路，看起來滿善良的，身手也挺俐落的，忙進忙出，老闆請到這種員工也算福氣。邊吃邊想，嗯這道龍蝦煮味噌湯真好喝。酒足飯飽結帳時，我跑過去跟她搭訕：

「小姐，剛才多謝妳，妳心地善良，難得吔，不像有些人，猛叫你點，害得客人吃不完剩下一堆……」我說。

「是呀！還滿意嗎？」她一臉的愉悅。

「當然，對了！小姐您是這家店的……」我繼續問。

「阿娥是我媽媽，我是她女兒，前面那一個是我妹妹……」她答。

「喔——」我聲音拉得又高又長，我的天呀！老闆的女兒，那一定有點錢，差點狗眼看人低，先賣她保單再說。

「伯母真有福氣，有您這樣能幹的女兒。」我開始戴她高帽子，所謂帽多人不怪。

「哪裡。」她臉都紅了。

「我在南山人壽，這是我的名片——林裕盛。」我先自我介紹。

「真的呀！我也是保南山，我爸媽兄弟姊妹都是保國泰的，我們這裡是國泰的天下！」人不親土親，土不親保單親，同是南山保單，倍覺親切，就站在那裡聊了一會，保額多少呀？一年繳好多錢呀？誰買給妳的呀？人聲嘈雜，我們就那樣站著溝通著，彷彿已是認識很久的朋友一樣。時光流逝，繁星點點。臨別時我加了一句：

「保得太少了，改天我再做份計劃表給妳，參考參考，不一定要買。」套公式上。年繳兩萬多，你說是不是該加保？「該！」那就是囉！

對初見面的人，要懂得「哈」，要領為：

1. 不要有陌生感：

你跟他熟，他就跟你熟，這是愛因斯坦的相對論。

2. 儀表堂堂，彬彬有禮：

正人君子的形象，良好的第一印象是破冰的要件。

3. 適度的讚美：

打開話匣子。

4. 高潮時撤退：

彼此留下好印象，期待下次再相逢。

5. 抓住重點：

重要資料蒐集完畢，準備送建議書。

忙碌增員，飛揚成功鬥志

回到台北後，開始用電話和淑惠姑娘聯絡，因為時空相隔，所以進度也特別慢。這期間因淑惠又投資開了家精品店，小小年紀（五十八年次，當時才二十五歲）企圖心如此旺盛，人脈如此好，親和力如此夠，完全吻合增員的三要素，是屬於「傾全力增員」那一型。當下決定賣完保單後開始增員她。

六月底，淑惠的case close，這中間我曾經一次搭飛機南下送建議書，close那天又專機南下，到淑惠新開的精品店裡簽約。她小小的店（約六坪大）卻五臟俱全：有領帶、香水、皮飾、睡衣、鬧鐘——不一而足。她媽媽在海鮮店的人脈夠，加上淑惠亦駐店幫忙，因之將人脈轉移至精品店，可謂高明。我想如果再轉移至保險業，豈不更佳，一魚三吃，不吃白不吃，我心裡這麼幫淑惠盤算著。

心裡盤算著，動作就持續進行。事實上，那時候在台北還有四個增員動作在進行，前面提過的許天發就是其中之一。所以南北作戰實在辛苦，但在忙碌中卻昂揚了我們的步伐，飛揚了我們的志氣。我六月至十月陸陸續續提供了一些資料給淑惠看：（一）《我相信了》；（二）成功的途徑；（三）保險業的相關資料；（四）我自己撰寫的轉行至保險業者四大考慮，分別是：⑴商品特色，⑵市場潛力，⑶公司背景，⑷南山制度（⑴和⑵範例如下，唯年份資料數據僅供參考；⑶和⑷可依個人公司別撰寫）。

⑴商品特色

①人壽保險是特殊用途的錢，需要的時候，給你最多。

②人壽保險＝時間，年輕人沒有錢，需要時間來奮鬥。如果你需要時間，就需要人壽保險。

③老年人歷經了一輩子的奮鬥，累積了財富，人壽保險幫你解決了資產轉移的困擾。

④Our greatest asset is Income Earning Power which will be subject to three disasters:（我們最好的資產就是賺錢的能力，但有三大災禍會影響它：）

(I) Die too soon（死得太早） ↓保障型保險

(II) Living too long（活得太久） ↓養老型保險

(III) Become totally disability（失能殘廢） ↓收入型保險

⑤人壽保險是一個工具——解決難題的工具。

⑥人生是一列單程火車（one way ticket），生、老、病、死，站站都需要錢，您需要錢，就需要人壽保險。

⑦基於「需要」而推銷，因為真正的需要才會推銷得出去。

⑧有千千萬萬個拒絕購買的理由；卻只有一個購買的理由——愛自己及愛他的家人。

⑨有三種人不需要買保險：

第一種人——如果他去世而他的家人不希望領到更多的錢。

第二種人——如果他殘廢了，他不需要更多的錢。

第三種人——如果他年老了，他不需要更多的錢。

⑩主顧先生，我想你一定同意以下兩點：

(I)人一定有不能賺錢，沒有收入這一天的來臨，這一天的來臨，可能是因為年老、退休，或退休之前遭遇到意外狀況。

(II)當這一天來臨的時候，我們不能保證我們的身邊一定有一大筆錢。

☆以小錢換大錢：折扣的新台幣，保額與保費的比率（2%至10%）。

☆訴求EP、SAEP、21TSC

人壽保險，為的是解決人生的三大難題。

(I) 一百個二十五歲的年輕人到六十五歲時，只有5%的人經濟獨立。

(II) 老年人身上背的最沉重的錢袋，是空無一物的錢袋。

(III) 保險與理財相結合。投資三原則：安全、流通、獲利。

(IV) 銀行的錢，不管是活儲、定存，都是易流動的，只有鎖在南山保險箱，才能真正用來養老。

(V) 台灣邁向超高齡社會，所謂幼有所長，壯有所用，老有所終。

(VI) 年輕力壯剽竊年老，生命的現在式剽竊了生命的未來式。

(VII) 最難賺的錢，是風燭殘年的活命錢。

22.76%	27.01%	31.95%	36.2%	41.89%	47.45%	55.08%
77年	78年	79年	80年	81年	82年	83年

(2)市場潛力

1. 一個重要的事實和令人垂涎的數字（見上圖）：顯示人壽保險在台灣仍是低度開發的行業（以77年到83年為範例），並且以明日之黃金事業期許。

2. ①投保率：投保人數占全人口的比率。
GNP：平均每人國民生產毛額。
GNP較高的國家，投保率大致而言相對較高。
②美國的GNP約在一萬美元時，投保率約有139%，相信很容易發現台灣的保險市場真是一片好景。
③日本在一九七八年時，GNP比我國現在略多一點，投保率可達160%，再次證明台灣保險市場潛力無窮。

3. 日本保險新聞（Japan Insurance News）一九九〇年一月號推斷台灣在一九八五年至一九九五年的人壽保險收入成長率將達400%。

4. 台灣的國民所得已接近一萬美元，未來在亞洲地區金融份量將日形重要。尤其面對和大陸的經貿關係，台灣地位和

國別	韓國	中華民國		日本	美國
年份	82年	82年	83年	82年	82年
投保率（%）	52.39	47.75	55.08	489.0	140.6

台灣經驗將不可或缺，而政府對於金融保險的控制力將大幅縮手。這寬廣的空間將是業者馳騁疾奔的大好時機。

5.中、美、日、韓壽險投保率之分析：根據上述資料得知，台灣一百人中已有五十五人投保壽險，即每一位國民擁有0.55張保單，同理，在美國每一位國民擁有的保單1.40張，日本4.9張，韓國0.52張。從以上的數據，我們可以很明顯的看出，愈是先進的國家，投保率愈高，分散風險的意識愈是高漲，因之，在台灣快速發展的同時，投保壽險是必須也是必然的趨勢。（註：至二〇一四年，國人擁有保單平均已達2.3張，且仍持續成長中。）

6.行政院開發基金預估到民國九十二年國民所得將達兩萬美元，而放眼全世界，國民所得達到兩萬美元者，投保率皆超過百分之百，因此，未來市場空間相當遼闊：

民國八十三年　1151萬件／2094萬人口＝55.08%

民國九十二年　2400萬件／2400萬人口＝100%

2400－1151＝1249萬件

成都鑽石表彰會。

與中國平安人壽保險總經理趙福俊合影。

第九章

增員就是打通思路的關節

增員不是空嘴薄舌，文件愈多，愈能顯示你的專業，讓人家更信服你。

前面我提過，面談時必須推銷對方四樣東西（大家複誦一遍）。除了這四樣，被增員者內心仍有疑慮：這是什麼樣的公司？財力雄不雄厚？會不會倒？我賣的是什麼產品？人壽保險到底是什麼？市場潛力如何，還有空間嗎？還有多少空間？制度好不好？給業務員的福利周不周到？（參閱上一章）

四個推銷，四個介紹

一連串的問題在他心裡圍繞，因此，我們必須為其清理心中的障礙，這個動作要扎實，一切清清楚楚，明明白白。為什麼？人家是轉行哋，不是買東西，不好還可以退，整個身家性命都押過來了，你能不注重嗎？不是在扮家家酒哋，人家當然謹慎，愈慎重的人將來進來以後待得愈久，所謂難增員易輔導；反而是你隨便請，他就來報到的，你可要特別小心，今天談明天來也許後天他就走人了，來得快去得也快嘛！因此，每一個人都需要準備四項資料，每項一個page就可以，簡單明瞭，切中要點，不同公司稍微改變一下內容，OK！所謂豫則立，不豫則廢。增員不是空嘴薄舌，文件愈多，愈能顯示你的專業，讓人家更信服你。增員成功的機率也就愈高。

■四個推銷：

①推銷他確實有轉行的必要。
②推銷他人壽保險的確是一項事業。
③推銷他你確實可以帶領他邁向成功。
④推銷他你們是一個勝利的團隊。

■四個介紹：

①介紹他公司背景。

②介紹他產品特色。
③介紹他市場潛力。
④介紹他公司制度。

十一月的某個晴天，我再度搭機到台東（走台東好像走客廳一樣），淑惠招待我去吃台東好吃的牛排館，我刻意準備了些資料給她看，並剖析精品店和賣保險其實沒有衝突，建議她請個助手看店，她就可以抽身出來見客戶。客戶相信你，什麼東西你都可以賣給他；客戶不相信你，什麼東西我們都賣不出去。海鮮店提供「食」的服務；精品店提供「衣」的服務；保險，則提供整個家庭經濟屏障的服務。意義上來講格外的重大，與其讓客戶跟一些不是很專業的人買保險，為什麼你不親自下海，賣給他們規劃良好的保單呢？這也是服務嘛！你什麼錢都賺？我們是提供服務嘛。國父不是說：「聰明才智愈大者，服千萬人之務」嗎？客戶問你為什麼去做保險？你就回答：「全是為了你們，攏是為著你啦！我不下來做保險，你們怎麼買得安心又享受到好的服務呢？」

淑惠一邊吃，一邊點頭，思路在慢慢運轉著，而增員，就是打通思路的關節，打通思維的障礙，打開賣保單的心理平衡。要慢不要快，幫助她想清楚，除非想清楚了，否則不要進來，也唯有想清楚了，她才能走得好，走得穩，走得遠。因為要慢，所以不要push她，給她時間、空間好好去思考，沉澱。「師父，謝謝你，大老遠跑來教我，我會考慮，慢慢想清楚，反正，趁著年輕多賺點錢又可提供服務，好吔！」淑惠送我上飛機時，眼眸泛著靈光，台東的陽光灑了她一身的亮麗，啊！青春真好。

成功的業務，除了事業之外，也知道如何賺得健康人生。注重健康、時時運動，是成功不可或缺的要件。

保險豐富生命

因為精品店補貨的關係，淑惠得經常上台北，但都來去匆匆，無法長談。八十三年過完舊曆年，打過電話後，確定她又要北上，我們約好當天晚上吃飯，當然是師父請客囉！地點在仁愛路紅爐西餐廳，這家牛排館做工道地，遠近馳名，國泰集團蔡萬霖也常來光顧。同時上上下下都是我的客戶，用餐的感覺滿溫馨的。

增員或推銷時選定的餐館一定要跟你很熟，不要手揮了半天還沒人理你。表現出你的影響力，人家自然樂於追隨。那是八十三年二月底的一個晚上，我刻意訂了包廂的位置等她大駕光臨，七點不到，淑惠輕盈的進來，一身白底碎花的洋裝，有著鄉下人質樸與少女靦腆稚氣，而這不正是她攻堅的利器嗎？上回到台東淑惠請客，這回當然輪到我了，其實一來一往也是我們刻意安排的呀！

紅爐的拿手菜很多，主廚村師（王慶村，後任職世貿聯誼會主廚）以前在來來飯店掌廚，技術一流。我常點角尖牛排（rib eye）加牛尾湯。Sauce用蔥蒜辣椒搗碎加醬油，村師說我特別，吃西餐用chinese sauce！主菜沒上前，先供應小黃瓜和胡蘿蔔切成細長條，沾沙拉醬吃，健康而開胃。

那一晚淑惠吃得開心，直說好吃。燭影搖紅，師徒的感情逐漸拉近，彼此信心的建立要用心經營。餐畢，上咖啡時，我拿出已規劃好的產品模式介紹給淑

上：保險事業帶給人的是財富、視野，以及快意人生。
下：演講結束空檔，林裕盛乘遊艇前往武漢梁子湖球場。

惠聽，當時她仍未上課，完全以客人的立場來看，她聽得很仔細，彷彿就是她要買似的。慢慢地我跟她講解各個產品的由來，特色、組合，最後集中在一種養老險的保單上，淑惠聽得津津有味。

「師父，這一種不錯！」

「我已經想好，有好多客戶可以去賣。」

「真的！」我附和著睜大眼睛。

「當然，這應該很好賣！」淑惠滿懷信心。

夜色中我們離開紅爐，外場林咸標經理（現在是紅爐牛排老闆）殷切的在門口道別。涼風襲來，仁愛路顯得格外靜謐，這一晚，淑惠了解了產品，步履篤定的踩在月光下，我想，這麼長的增員過程，總算透出了曙光。

「淑惠，加油！」我鼓勵她。

「我會的，師父。」淑惠滿懷信心說。

八十三年三月　淑惠報了第一件case。

八十三年四月底　淑惠完成了FYP一百二十萬的quota，達到南山第十七屆高峰會議的資格。

在短短兩個月內做到四個月的業績，那一年在夏威夷的會長致詞上，我刻意介紹這一位來自台東的小女孩，曾淑惠，也是這一次高峰agent code最新的業務員，淑惠站了起來，在那後排的角落，台下眾人回過頭去，掌聲如雷，遙遠的看到淑惠眼中泛著淚光，應該是喜悅吧！

人壽保險事業代表了一個又一個挑戰人生巔峰的機會。

八十四年二月，淑惠晉升主任。

我刻意延長她的晉升，希望她能落實推銷技巧，長遠經營。

走筆至此，剛剛才打了一通電話給淑惠，告訴她六月九日她結婚我沒辦法去。（因香港容永祺激我去普吉演講，老朋友，盛情難卻。）

「師父不能來，最討厭了！」她嬌嗔的說。

「六月十五日晚上師父辦了高峰晚宴在 Exchange Club，三桌，妳和老公一起來，我們為您們慶賀一番如何！」依著電話線，在台灣的兩頭，師徒倆無拘無束天南地北的聊，這感覺愉快極了。

我想：如果沒有人壽保險這個行業，我們怎會相識？如果沒有人壽保險這個行業，怎會造就這一對師徒呢？如果沒有人壽保險這個行業，怎會讓一個小女生由青澀轉為成熟呢？如果沒有人壽保險這個行業，怎會讓人感受提拔人的快樂與受提拔的感恩呢？

感謝人壽保險這個行業，讓我們擁有這麼多，激發了人性，更豐富了我們的生命。

「永續經營，豐富一生」是永豐通訊處所秉持的最高理念。

1995年，《自由時報》以大篇幅採訪林裕盛踏進人壽保險事業的心路歷程。

〈走過生命關卡〉記者◎史玉琪

林裕盛
曾被整條街拒絕

初接觸保險業，經常走了一天毫無所獲，對著一整條拒絕他的街，覺得城市之大，卻沒有迎向他的機會。

他是保險業巨星，現任南山人壽營業處經理，他最在乎的事已不是個人月收入超過百萬，而是開創保險業更開闊的天空。

十七年前，林裕盛由台大化學系畢業，申請到了西雅圖華盛頓州立大學獎學金，結果就在他準備出國前夕，父親生意被朋友拖累，母親希望身為家中長子的他，能暫緩出國計畫。

林裕盛說：「同班好友阿建如期出國，臨行前他對我說，那麼六年後拿了博士回來再見囉，我知道我的生命就此轉彎了！」但他認為人生沒有失敗，只有「逆境」，愛迪生在發明燈泡成功之前，找到了八百種電燈不亮的原因，而非經歷了八百次失敗。不能出國攻讀博士，並不代表人生不會成功！

他開始找工作，一方面希望能在最短的時間內，解決家庭經濟的困境，另一方面，也希望找一個能在六年後和朋友的博士相提並論的工作，他決定投身保險業，從保險拉出人生的長紅。

「家庭不需要富裕，但需要溫暖。」林裕盛表示，家庭教育對他的影響非常大，他毅然負起長子的責任，沒有怨天尤人。過去的經驗累積也讓他總能保持自信，他知道從小到大讀書已經一路過關斬將了，他相信自己是為勝利而生的人，不需極端，不走偏鋒。

保險業的工作，起步並不十分順利，他幾乎是以地毯式掃街法，挨家挨戶拜訪，經常走了一天毫無所獲，對著一整條拒絕他的街，仍得說「謝謝」。有一次，他幾乎喪失鬥志，站在街角覺得城市之大，卻沒有迎向他的機會，低下頭，不期然在地上看到一顆覆蓋著的棋子，他撿起來，翻面一看，「卒」，是顆卒子，他感到自己就像過河卒子，只能繼續向前，不能回頭，於是他回到辦公室冷靜地檢討自己，兩年後成為頂尖業務員。

如果沒有撿到那顆棋子，沒有得到上天的啟示呢？「那麼我相信上帝會打開另外一扇希望之窗，我也相信，黎明前的黑夜一定要等待，但絕不是被動的等待，行動才是夢想的開始。」

喜歡讀書，隨口就能說出許多名人成功的小故事，更有許多激勵人心、響亮好記的成功座右銘，林裕盛強調，永遠都以積極正面的思想迎向人生，化絆腳石為奠基石，多接近成功的朋友，了解朋友的作息、如何迎接挑戰、看些什麼書。而今年四十二歲的林裕盛，研讀的是社會、生命的大書！

▲「永遠以正面的思想迎向人生！」走過低潮，林裕盛擅長鼓舞士氣！（記者周志全攝）

第十章 成功的增員循環

要深入了解準增員的個性，
為何轉換工作？
人際關係如何？

本篇我們來談增員循環（recruiting cycle）。前面我們各舉了一個例子來闡述三大來源的增員。每一次增員成功的案例或多或少都來自增員循環的程序，有的步驟完整些，有的比較簡略。

確實掌握步驟

但大體總不脫整個循環的範圍，熟悉它的運作，將可幫助大家在增員時確實掌握各個步驟並加以檢討，循序漸進，養成習慣，則熟稔於內心成為心法後，必能功力大進，成敗了然於胸。其程序為：

1. 偶然相遇：

①交換名片。

②Fact-Finding。

③探詢企圖心。——觀察親和力。

——了解人際關係。

←

2. 書信：

①表達很高興與您相識。

時時刻刻把握推銷自己的機會，列出得獎紀錄絕對是不可或缺的步驟。

②保險業相關資訊。
③公司介紹（風評與特色）。
④通訊處介紹。
⑤個人資料（得獎紀錄）。

←

3.電話：

①請祕書轉接。
②確信書信接到沒。
③約面談。
④選擇餐廳（增員對象附近餐廳或知名飯店coffee shop）。

←

4.面談(A)：

①快樂的午後森巴（例：老爺酒店法國廳）。
②介紹自己：何以成為你的師父（海參崴軍港）？
③深入了解（probe）。

左：榮獲七十七年度榮譽會會長，與當時南山人壽副董事長郭文德及副會長王江海合影。
右：以得獎寫日記，是林裕盛衝刺人生的方式。

・個性（確認是否志同道合）
・Personality（人格）
・Aggressive（是否夠積極）
・為何轉換工作
・人際關係
・兄弟姊妹
・婚姻
・嗜好、運動
・有否資格成為我的徒弟（航空母艦）
・一對一

←

5. 面談(B)：

①午夜巡航（例：晶華酒店牛排屋）。
②決戰面談。
③推銷上課考試。
④「二on一」或「三on一」。
・工作類似
・形象類似
・學歷類似

左：林裕盛於永豐通訊處為同仁上課。
右：前副董事長杜英宗到永豐通訊處頒獎。

・直屬主管
・同性
三個打一個快攻上籃
⑤你選擇了我，我選擇了你。
⑥面談紀錄表。
⑦營業處同仁照片。
←
6. 上課考試：
①基本教育。
②上產品課。
③考公會。
④出師先捷表。
←
7. 進入通訊處：
①醜媳婦總得見公婆，醜公婆也得見俏媳婦。
・通訊處氣氛製造
・家庭化、學校化
・社團化、宗教化

②整潔明朗的硬體。

←

8. 參與通訊處活動：

①週一演講會。

②週五夕會。

③每季進修會。

④四卷錄音帶。

⑤八卷錄影帶（心得寫作）。

⑥四個問題（homework）：

a. 我為何從事壽險工作？

b. 我為何選擇這家公司？

c. 我未來一年的目標及如何執行？

d. 周遭的保險實例或故事。

←

9. 正式作業：

Part-time or full-time。

Chapter3

增員是成功吸引成功

只要你做保險發達了，你周遭的朋友（街坊鄰居、同學、以前的同事同梯手帕交）自然產生好奇，花若盛開蝴蝶自來，你若盛開清風自來。

成功者的形象必得深植人心。

第十一章 偶然相遇

推銷的名片是推銷用的，要和增員的名片區分開來，各有各的用途，不能懶，懶就砸了！

接著咱們再來看看其細節：「偶遇」是增員的第一個階段，亦即蒐集名單的階段。有些人是取得人員的名冊，然後去拜訪。關鍵還是在拜訪，既然終究還是要見面，我就滿喜歡透過「偶遇」來蒐集名單，因為那不單只是名字，還是活生生的站在你面前的個人。你可以上上下下好好打量他，他也可以上上下下好好打量你，如果彼此都留下好印象，事情不是往前推進一大步了嗎？

重點是你隨時都得準備好讓人家留下好印象，不然，誰理你呀！陌生人。因此，要非常注重自己的儀表是偶遇成功的第一步，讓人家遠遠望見你就覺得你是一位成功人士，鶴立雞群，閃閃發光！成功者追隨成功者；不成功者想成功，當然更要追隨成功者，Isn't it so? 該如何打扮（裝潢）你自己，心裡就該有個譜了！

強調你是成功者

南山通訊處有位傑出的經理——方美珠，剛進南山時衝勁十足，但沒有什麼組織。在公司舉辦的國外旅遊時，她抓著我猛問，聽了我幾次演講，猛然醒悟儀表的重要性，之後有次來我們單位演講時我差點認不出來：髮型也改了（帥氣而專業），服裝，手錶（Rolex全金）、皮鞋、色調的搭配，質感，在在顯示出她是一個成功者。（她先生原是《工商時報》的資深記者，最後記者也不做了，夫妻一起在南山同進同出共同努力打拚），與當初剛出道時的村姑模樣（對不起了，美珠！）相差十萬八千里，不用問，後來追隨她的人多了，接下來高峰拚了個經理級極峰，還寫信來感謝我。其實不用謝！妳的努力，學習與改變的決心造就了今日成功的妳，恭喜妳，美珠！

舉這個例子的意思乃在強調「你是成功者」image的重要性。好好思索，痛定思痛，花些錢在身上投資自己，看起來成功，成功就追隨你，作家朱津寧不是這樣講嗎!?這是成功的自然韻律！我們這個行業沒有工廠，沒有店面，沒有設備，殊不知我們整個人就是那設備、店面，與工廠，盈餘轉增資，要懂得打扮打扮自己，讓自己整潔、明亮、高貴、出眾。如此一來，偶遇時碰到王牌，就不會自慚形穢，裹足不前了！否則到頭來眼睜睜的看著人才離去，才捶胸頓足；或者跟人家打了招呼對方根本不理你，多丟人啊！是不是，各位看官？

能夠做到「乍見之歡」，之後人家accept你了，才能繼續底下的「初步確立資格階段」。

名片之重要輕忽不得

名片是初見時重要的媒介之一，當然要經過巧思設計。（參閱下圖與下頁）

有任何得獎紀錄都要印上去，紙張、印刷要上乘，名片代表一個人，見「片」如見「人」，名片突出加上你儀表出眾，不是上二疊了嗎？所以不要輕忽名片的重

你是否準備在這一行終了餘生？

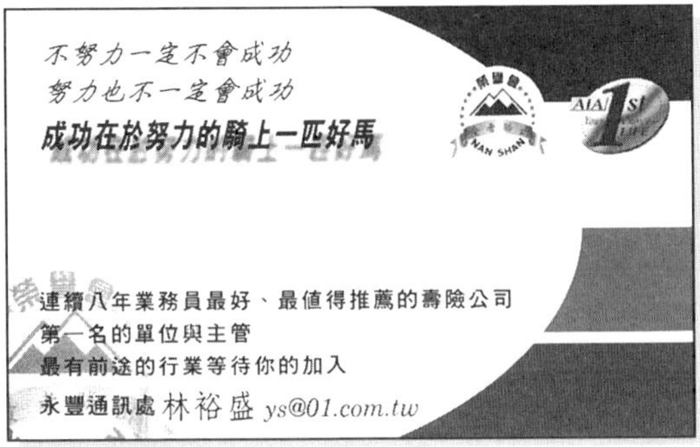
不努力一定不會成功
努力也不一定會成功
成功在於努力的騎上一匹好馬
NAN SHAN
連續八年業務員最好、最值得推薦的壽險公司
第一名的單位與主管
最有前途的行業等待你的加入
永豐通訊處 林裕盛 ys@01.com.tw

要性，推銷有推銷的名片，正面只有三個字，後面全是洋文，讓人家丈二金剛摸不著頭腦，你才見得著主人嘛！一般公司門口那位小妹都是狗眼看人低，拿了一張看不懂的名片，一定跑進去通報，後面那位大頭端詳了名片半天，也搞不懂，以為是大buyer來了，趕緊跑出來接客。

「這ㄟ時存」不能在門口暴露身分，保證他表情一關，跑進去的速度比出來時還快！怎麼做，先進去再說，坐定後，要口茶喝，慢慢說：「董事長，是這樣子，我們公司在美國是AIG，東南亞總部在香港，叫AIA，台灣目前由南山

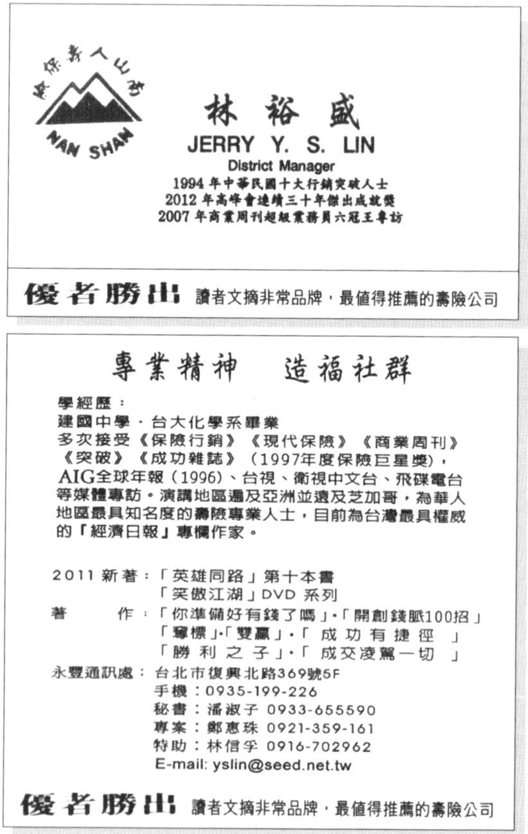
林裕盛
JERRY Y. S. LIN
District Manager
1994年中華民國十大行銷突破人士
2012年高峰會連續三十年傑出成就獎
2007年商業周刊超級業務員六冠王專訪
優者勝出 讀者文摘非常品牌，最值得推薦的壽險公司

專業精神 造福社群
學經歷：
建國中學．台大化學系畢業
多次接受《保險行銷》《現代保險》《商業周刊》《突破》《成功雜誌》（1997年度保險巨星獎），AIG全球年報（1996）、台視、衛視中文台、飛碟電台等媒體專訪。演講地區遍及亞洲並遠及芝加哥，為華人地區最具知名度的壽險專業人士，目前為台灣最具權威的「經濟日報」專欄作家。

2011新著：「英雄同路」第十本書
「笑傲江湖」DVD系列
著作：「你準備好有錢了嗎」‧「開創錢脈100招」「奪標」‧「雙贏」‧「成功有捷徑」「勝利之子」‧「成交凌駕一切」
永豐通訊處：台北市復興北路369號5F
手機：0935-199-226
秘書：潘淑子 0933-655590
專案：鄭惠珠 0921-359-161
特助：林信孚 0916-702962
E-mail: yslin@seed.net.tw
優者勝出 讀者文摘非常品牌，最值得推薦的壽險公司

人壽代理！」

「什麼啊，南山人壽，你早講嘛！」老闆，早講就沒這口茶喝了！哈了半天又喝茶，老闆不好意思趕你出去了！只會讚賞你的機智，但內心卻暗暗叫苦而已！而我們已達成approach的目的。

所以說，推銷的名片是推銷用的，要和增員的名片區分開來，各有各的用途，不能懶，懶就砸了！ＯＫ！我還看過一種名片，正面印了一行字：

1/10＋林立洋＝莫愁

我問他什麼意思？他笑著說十分之一的努力加上他的輔導就不用愁了！欸，這倒妙，我們可以這樣設計：

0＋1＋徐志隆＝成功

0就是離開原工作，1就是加入南山，再配合我的輔導，你就成功了！不是嗎？引起人家的好奇與注意，典型的增員用名片，用點巧思去設計，成功不是從天上掉下來的，member更不是從天上掉下來的，就算天上掉下來時，你沒有準備去接他的功夫，照樣會擦肩而過的，嘔呀！

在換過名片，彼此把玩著之際，若有時間的話，就做fact-finding的工作：(1)觀察他的親和力，整體造型是不是看起來足堪信任與可擔大任的樣子？臉上是否堆著笑容與煥發著自信的神采？(2)企圖心的有無？(3)人際關係。因為是初遇，彼此還不是很熟，因此無法深入去探明（probe），時間上也不是很允許。所以，最最重要的是給對方一個好印象，讓他下次你再約他時還願意跟你談。願意跟我們談，我們就有機會，不是嗎？當然，你願不願意再約他，就看他給你的觀感了。初步的相互篩選是偶遇的要件。但記著，只是你篩選他，不要被他篩選掉了，OK!?

第十二章
增員要眼觀四面耳聽八方

遇到任何人都要探索他們能否：
(1)成為我的客戶？
(2)為我介紹客戶？
(3)成為我的業代？

偶遇的場合呢？

也許很多人會問。事實上，既然是偶遇，當然就是everywhere與anytime。

只要你曝光在人群裡，就有機會看見很多人與被很多人看見，人多的地方，機

團購者眾，林裕盛至出版社簽名。

會就多。但人少不見得就沒機會，端看你怎麼以銳利的眼光去觀察與積極的表現了。

眼光銳利，細心觀察

所以餐廳、電梯裡、飛機上……都有可能，各位，我們是職業隊的，不是業餘的。隨時都要有職業的本能眼觀四面，耳聽八方。

我曾經在電梯裡分別增員到一男一女，在我的單位已分別升到主任。不同的時空，相同的循環，產生相同的效果，我相信成功是可以複製的，也就是安東尼·羅賓（《喚醒心中的巨人》一書作者）所謂的「modeling」。只要大家很認真的研習這一章節，相信以後即能化腐朽為神奇，化陌生為熟識，member源源而來，幫大家建立組織，again & again。

八十四年六月上旬我曾應香港AIA容永祺經理之邀，前往普吉島演講，去的時候商務艙裡大概只有五、六個人，兩個空中小姐服務我們，因為冷氣強，我一直蒙著頭睡，對她們也沒啥印象，只是覺得有一位端莊的小姐很親切的服務著。禮拜四去，週末回來。普吉機場實在小得可以，我提著行李在大廳裡踱著。「林先生——」接連叫了幾聲，猛一回頭，我看見她們正拖著行李進關。她們不就是來時的空姐嗎？

「妳們就是搭這班機呀！」

「正是，好巧呀，你也搭這班回去嗎？」

「TG六四六」，「是啊！」兩位都開心得很。

下午三點Check in時，我坐在大廳沙發上等一大批經濟艙的乘客先進去，鴉鴉烏的一大片，一下子領悟了20／80定律，五個家庭裡面只有一個家庭的生活水平是其他四個的總和。社會上百分之八十的財富掌握在百分之二十的人手裡，不是嗎？人往上爬，終究是鐵律啊！

坐定後，哇塞，回程C class竟然只有我一個人。沒辦法囉，只好兩個空姐服務我一個人了！一會又是遞毛巾，一會又問喝什麼？一會又是拿枕頭送耳機的，一會又是什麼時候吃晚餐……好吧！今天乾脆不睡了，好好跟妳們聊個夠，看能不能聊出個什麼生機來？……

我們知道WORK這個字分別是Win、Optimism、Respect、Keenness，最後一個K字意思是「敏銳的」。成功的業務人員對周遭的人與事要有異於常人的敏銳。看《終極警探Ⅲ》電影裡的警官布魯斯．威利被大壞蛋賽門要得團團轉，在街上聽了小孩子的一句「警察都跑光了，連市長室都敢偷」頓生警覺，而前往紐約聯邦準備銀行查看；最後更因賽門得意忘形拋給他的阿斯匹靈罐子上的線索追蹤而至，終於破案。雖然只是一部電影，卻也道出機警與重視細節，是成功人物不可或缺的特質。

因之，和美麗的空姐聊天之餘，卻也不忘職業的本能，探索她們能否：

(1)成為我的客戶？

(2)為我介紹客戶？

(3)成為我的業代？

大家細細思量她們的工作，極有可能(1)成為我們的客戶（工作高危險性，雖然公司已為她們投保，但額度怎會夠？要不然名古屋空難的理賠糾紛也不會懸宕至今）；更可能(2)為我們介紹客戶（觀察熱心與否？）；工作了六、七年，逐漸產生職業倦怠感，一直飛下去總不是個辦法，其中有一位已經結婚，和先生聚少離多，每天夜裡，誠如李清照所言：「獨自怎生得黑。」這樣的婚姻怎麼經營？為什麼有機會時不尋找準備下來的工作？所以，(3)也大有可為。暢談了四個小時，大家意猶未盡，各自留下了家裡電話，當然準備繼續追蹤。下飛機時，問她們怎麼在普吉機場認出我來？

「唉呀！大家都衣著輕鬆簡便，就你一個西裝筆挺，衣著光鮮，酷嘛！」她們答。

你看，「偶遇」的要件──乍見之歡（任何場合不隨便自己的衣著與談吐）！

「偶遇」的地點和時間──everywhere & anytime（牢牢記著！）

來了就對，向前衝

切入下個主題之前，我先回答一個問題：

有天我到墾丁歐克山莊演講，搭大華航空飛屏東。抵達時有主辦單位派黃主

不斷參與競賽、不斷打破紀錄，乃成功的不二法門。

任來接機，一路飛馳往目的地。在車上，他猛然問我：

「林經理，我覺得推銷不難，我今年個人業績上極峰，但增員好像很難，我隔壁這位，他姓林，就是還在猶疑，特地帶來給您開釋！」

「喔，開釋不敢當。

「增員你覺得難，我想有三個原因：第一，因為你做得少，做得少機會就少，推銷做的量大，自然成交就多，多就以為好做，其實是失敗的多，所以成交的多，但增員你失敗的少，成功自然少，愈少愈覺得難！」

（推銷比率是10：3：1，增員是30：5：1）

「第二，增員成功率少你覺得挫折，推銷如果不成，你不會覺得挫折，反正這個客戶不買，再找下一個就是了。但增員的這個放鴿子那個爽約，愈想愈挫折，愈挫折愈沒成就感，日積月累，就舉『增員』維艱了！

「第三，最最重要的，增員時沒有強而有力的talk（話術）。做推銷時，你信心滿滿，客戶有什麼拒絕你聽若罔聞：『你保了就對了，反正對你有好處！』你肯定這張保單對他這個家庭的益處，你想到了你的mission，所以聲喉很大，而客戶懾於你的氣勢，被你精誠所close；但增員時你就不同了，為什麼？因為你沒把握，萬一他來了做不成，豈不是要怪你，所以你不敢大聲說：『你來了就對了，聽我的準沒錯！』你看連你都沒信心了，他怎麼會有信心？你的言語之間流露出你的『來也好，不來也罷』，人家當然不敢來了，是不是？

「所以，儘管大聲的跟他講：『來就對了，向前衝！』你自信十足，人家自然勇氣十足的跟你往下跳了！

「而你，林先生，你知道，人的偉大成就與表現來自於他的思考，你首先必須改變自己的思考方式，不要覺得自己過去有什麼失敗或不如意的經驗，就認為自己什麼都不行。應該客觀冷靜的分析自己有什麼優、缺點，先把最大的缺點改掉，優點自然浮現出來。不會演講就得多練習，不會幽默就常跟幽默十足的人在一起，看《讀者文摘》的笑話集；不會時間管理就去上時間管理的課，痛下決心把自己最大的缺點改正，優點自然就浮現出來，優點浮現出來，你會表現得更加自信，步履更加輕快，積極的態度改變了你的行為，一連串的行為累積演變成習慣，習慣左右了我們的生活，良好的習慣最終變成我們思想的主人，決定了我們的表現與成就。因此，林先生，要有『慧根』哪！改變思考，積極去思想，『會跟』才會有大成就呀！」

一趟去，一趟來，在車上整整三個小時，我們輕鬆的聊著（中間隔著會場的演講）。

臨上飛機前（回台北），林先生緊握我的雙手：「謝謝林經理，我有慧根也會跟的，您放心！」我看到他深陷眼神中漸次浮起的自信，眉宇間的光亮迴映在夕陽的餘暉中；更看到黃主任開心的笑容，屬於南部人特有黝黑的面龐。成功，已經離他們很近了。

增員難嗎？難在不規則——不規則的增員就是增員的最大懲罰！

推銷也一樣，不規則的推銷就是銷售的最大懲罰！

第十三章 獻身目標永不休止

「為了保有明天，我們必須在今天行動。」
——美國總統隆納．雷根。

「激勵大師金克拉（Ziglar）列舉出成功人士的三十個特質為：誠實、熱忱、幽默、友善、信念、目標、組織力、信賴度（trustable）、積極、衝勁、常識、果決、涵養、同情心、自信、聆聽力、溝通力、學習、愛人、設身處地、自尊、勤奮、謙虛、奉獻、正直、特色、毅力、忠誠、自律、耐心。」

下決心爭取成功

成功的步驟：

1. 找出我們已具備的特質。
2. 列出行動方針，開發未具備的特質。
3. 改變思考的模式——態度——行為——習慣——表現與成就。
4. 下決心爭取成功——強烈的企圖心。
5. 獻身於目標、永不休止。

有些人要來做保險時，興沖沖的回去問他（她）的家人時，往往遭遇到意料之中的反對。除了家人，同事、至親好友、死忠兼換帖，一夕之間，全世界統統反對，彷彿只剩下你一個人贊成。每個人反對的理由都振振有辭，冠冕堂皇，出發點都是為你好，什麼保險業很累啦！不適合你啦！當心被騙啦！親戚朋友拉完了該怎麼辦啦！拉一個跑一個，拉兩個跑一雙，全世界都跑光了啦！保險他都懂，反正他比你懂，儼然一副專家的樣子。

天啊！這是個什麼世界，一下之間，天旋地轉，彷彿你要去當革命家推翻滿清似的，到處都在抓革命黨。你的信心也開始崩潰，更甭談那才剛剛建立起來的一點點決心，當然被摧毀得無影無蹤了，然後是你的主管再也找不到你，你也開始過著躲躲藏藏的日子，弄得家也不敢回，電話鈴響心驚肉跳（全家人），晚上做惡夢，甚或晝伏夜出，就怕再被他揪到。What a pity，多麼可笑！你又縮回原來的日子與軌道，再也不敢去談理想與抱負，奢望有什麼成就，反正女子無才便是德，男子無錢大丈夫，乖乖的就好，好一個乖乖的就好，你就這樣過一生嗎？你甘心嗎？（午夜夢迴，聆聽一下內心的吶喊吧！）

他們為什麼要槍口一致，消滅你的雄心壯志？理由無他：

1.你真去做了，哇塞！那每人不是又要保一張，真衰呀！

2.你真去做了，萬一真如你所言，將來發了，那我們怎麼辦？一起穿開襠褲，一起白衣黑裙在西門町尋白馬王子的我們怎麼辦？以後如何再平起平坐，怎能見你發，要死一起死，眾兄弟姊妹們，打壓他！

一聲令下，你死得多慘呀！

清楚（醒）了沒有？

「當我騎自行車時，別人說路途太遠，根本不可能到達目的地，半路上我換成小轎車；當我開小轎車時，別人又說了，小夥子再往前開就是懸崖峭壁，沒路了！我繼續往前開，開到懸崖峭壁我換成飛機了，結果我去到了任何我想去的地方！」

不要讓夢想輕易毀在別人的嘴裡，這世界隨喜者少，妒忌者眾，最多的就是拖你一起下水的螃蟹！自己的夢想自己扛，你得相信自己，勇往直前！

人壽保險業前途光明遠大

所謂窮在路邊無人問，富在深山有遠親啦！你慌不慌，此時不奮發圖強，更待何時？難道要等到那一天，全世界的人舉雙手贊成你來時才來嗎？告訴你，等到那一天時，也沒我們的份了，「人才」都拚進來了，你又算什麼？就是得趁現在，大家都還搞不清楚時，我們趕快進來占有市場才有我們的份嘛！這樣又清楚了嗎？我再講一遍：

A全世界都反對你進來時。

B全世界都贊成你進來時。

哪一個你成功的機會大？哪一個市場發展的空間大？A或B？

男朋友、太太、女朋友、先生、媽媽、爸爸都反對，這個問題真的很嚴重。他們真的是出於關心，但是不了解我們這個行業是前途光明遠大。真的愛你的話，應該相信你、尊重你，愛是包容、給予、援助和放心；而不是打壓、限制、寡占和不近人情。

進來之前他們不能了解，沒關係，先進來再說。看看味全前總經理黃南圖怎麼力拚成為董事長的，他的一段話令人深省和激賞：「我的內心受到親情和事業抉擇的煎熬，決定犧牲親情，選擇事業，因為，親情可以用時間彌補，但是失去時機，將終身遺憾！」

就因為他們不了解，怕你變壞了被壞人拐了（我們多可憐呀！一夜之間全變成「壞人」了！），你有理講不清，那就進來「成功」給他們看，做了保險以後照樣準時上班、下班、照樣家庭顧得好好的，公婆侍候得好好的，照顧小孩打理得漂漂亮亮，同時收入增加了，事業慢慢看出一點點端倪了，活得更有節奏與自信了。他們才會終究慢慢了解到，原來是這麼一回事，你沒有變壞，其實根本也沒有壞人嘛！

他們不是反對你做保險，是反對你做保險失敗！

榮譽在淚水間打轉

唉呀！你們這些都算小case啦！南山人壽高雄陳靜英女士（我們叫她陳媽媽）的先生是警察，五十年前當陳媽媽開始做保險時，她老公很不諒解，揚言：「妳再做，再拉保險的話，我叫警察來抓妳！」聽得我們都快笑死了。後來陳媽媽成為保險界一代宗師，本身資產無數，每天笑咪咪地春風教化，當年都六十歲了還跟著我們全球跑，樂得很呢！（陳靜英女士已於前些年過世，想念陳媽媽！）

想一想，妳老公也不會叫警察來抓妳嘛！我們親情也沒傷到，妳也是為了這個家庭，女人嘛，可以溫柔也可以勇敢！為了一圓年輕的夢，為了實現自己的理想，不想就此廚房、尿片了卻一生，生命本身就應該燃燒它的光與熱！時間是用來證明，不像黃南圖需要彌補。有一天，他們會轉排斥為接納，轉打壓為支持，轉不諒解的眼光為台下熱烈的掌聲。

想像那一天吧！想像你在得獎舞台上的榮耀與淚水吧！因為因為，這些我都跟你們走過同樣的路，七十七年南山榮譽會，我在圓山大飯店的表揚大會上發表首次會長感言：「……我無法到美國去拿一個博士學位，歷經六年之後，卻在南山人壽壓倒群雄爭取到會長的榮譽，它應該也是一個博士學位，我把它獻給我摯愛的家人——我的爸爸、媽媽和妻子，他們今天也在台下。」如雷掌聲響起，我看見他們高舉的雙手，正使勁的拍著。

這麼多年了，我永遠忘不了那個場面，真的，獎盃在歡笑中傳承，榮譽在淚水間打轉。之後，再奪得一次次的會長，通訊處的成立、茁壯；一次次的媒體採訪，新書的出版與熱烈迴響，這一切的榮譽，都起源於那最初的不諒解與誤解。而如果我沒有擇善固執，咬牙苦撐，度過同學在國外修博士、我在國內修馬路（沿街陌生式拜訪）的苦情歲月，怎麼會有今天的成就呢？朋友，活生生的印證就在你們眼前，奮起吧！

「為了保有明天，我們必須在今天行動。」——美國總統隆納・雷根。

第十四章 增員書信範例

掛號信代表你的重視，
挑選品質高的信封及信紙，
心理上全力以赴，文字間情真意切，
絕不低估對手，也絕不輕言放棄！

偶遇後的書信，表達你對他的重視，強化你個人及公司的色彩，同時預先為下次面談做鋪路。怎麼寫，因人而異，但也脈絡相通，我們看看增員書信範例：

（一）振南兄（背景為餐廳經理）

那天感謝您的熱情招待。

雖然並未深交，卻深刻感受您的熱忱。

您對sales正面的看法讓我加深對您的印象，的確，未來成功的藍圖是掌握在主動出擊的人手上，顯示出您內心強烈的企圖心。希望下次有機會將南山的事業介紹與您。附內為一些資料，請先參考。

Anyway，有緣即是福氣，朋友，就是我們無盡的寶藏，不是嗎？希望很快能和您相聚……快樂暢談！祝

萬事如意

裕盛82．7．1

（二）張維玉（背景為某大飯店專員）

那天，非常感謝您的熱情招待，不但有了位子，還享受到您專業化的服務，真是物超所值。

其實，您真是滿適合所謂「培訓協調專員」這個位置的，讓客人除了美食外，還能有精神上的歡愉！所以，並不是每個人都需要來做保險，做保險，其實滿辛苦的，您知道嗎？只是，如果您的心裡有那麼一絲追求事業的企圖心，以及那麼一絲不平衡，不平衡於付出與回饋間的不成比例；那麼南山，倒是可以提供您另外一個視野——下回分解好嗎？再次謝謝您，很高興與您相識！祝

神采飛揚，夏日情懷。

裕盛82．7．4

（三）**世青姑娘（背景為已成交客戶，環保公司協理）**

Call妳幾次都不在（當然不能厭倦！），

想必忙遍大江南北，

年紀輕輕而能有如此企圖心與成就，

真教裕盛感佩！

這些資料給您參考，有空常來電，Waiting for you！

凡努力過的，必留下足跡，

不要忘了「不能相忘」的東西！OK，祝

大有斬獲！

裕盛83．4．16

（四）**鄭玉玲（背景公司業務部，在電梯換名片）**

那天有幸和您認識，真是非常開心。

因為急著出去，只能短短相談數句。

回來後再看您的名片：「業務部」讓我驚訝不已。後來卻也釋然，因為您清爽秀麗，內心允執厥中，勝任業務當之無愧！

寄了一些資料給妳。研讀毋棄！
好的人才當然大家搶著要，問題是擺在哪裡對我們最有利，不是嗎？再約！
敬祝
神清氣爽、業績飛揚！

裕盛83．12．15

（五）潘一婷（圖書sales）

妳那天來我不在，非常抱歉，
不過有緣總是會再相聚，
行到水窮處，坐看雲起時，加油！
給您一些資料參考，期待下次再相見！祝
業績輝煌，新年快樂！

裕盛84．2．8

（六）王國輝（汽車sales）

您寄來的目錄我收到了！謝謝！
有機會，來我公司坐坐，歡欣暢談一番。
五月號《成功雜誌》有我的專訪，請參閱。
另外，有一本好書推薦給您：

《「馬」上成功》（遠流出版社．賴茲／屈特著）

一個人要成功，除了努力，一定要騎對馬，換句話說：努力的騎上一匹好馬，才會成功　誠祝

勝利成功

裕盛84．4．22

附註①《奪標》去買來看了沒？

②附上我的「會長專刊」！

③王明欽的故事給您參考。

（七）小羅（BMW汽車sales）

我相信，我一定得向您買一部BM的車子了！

你知道，你實在太讓人感動了，我認識太多BM及汽車的salse。從來沒有一個人像你這麼執著與認真。我在想，您這種令我感動的精神，如果，如果能夠移到南山來，那一定能在南山的事業殿堂裡占有一席之地，我確信。

在情感上，我非常喜歡BMW的車子，在事業的助益上，我割捨不下Benz。在事業追求的過程，有時候不得不割捨感情的最愛。如果真是那樣，請諒解。其實，買一部車對您的助益，將遠不及替你開另一扇窗子（事業）。希望，我也

有您那一份企圖與執著，努力為你打開這扇窗子。等待與期待那一天的來臨！

祝

業績蒸蒸日上

裕盛82．6．22

於收到您寄來的特刊後

（八）淑惠（台東）

打電話給妳，真是件愉快的事（雖只有短短幾分鐘）。

妳生性開朗，善良待人，難怪有那麼多客人喜歡妳。

送妳一本好書：

《可以溫柔，也可以勇敢》（天下出版社）

記得要看喔！

女子無才便是德，女子有才更是要得，台灣經濟奇蹟，沒有那麼多的女強人怎能創造得出來！

不能妄自菲薄，魚與熊掌可以兼顧，看妳怎麼去做生涯規劃！一個人的成就不會超過他的思想，不是嗎？

對了，那本《Yes You Can!》（別人能，你也能）看了沒？擁書自重，學習別人的經驗是最聰明與最快的！

明天我將去北京參加第十六屆高峰會議，精英薈萃，熱鬧非凡。祝福我，有

一個美麗而充實的行程！回來後再與妳分享！祝
精品店生意興隆、小女子財源滾滾

師父82．6．3

（九）李自強（三十四歲，金融公司職員）

真的，你有一個非常燦爛的笑容，
這樣的笑容，足以打開任何封閉的心靈。
這樣的笑容，照我們的行話，是百萬年薪的笑容。
這樣的笑容，蹲在內勤為人作嫁，未免太可惜了！
當然，如果再加上一點點企圖心，配合足以匹配我們打拚的制度，那麼，截然不同的結果將會讓你吃驚不已。不要忘了，我們都不再是千里馬，被動的等待挖掘。反而要調整為伯樂的心態，主動的去追尋那匹千里馬，而後，「馬」上成功，不是嗎？
期待下次和您見面的時刻！同樣燦爛的笑容。祝
新年如意

裕盛82．12．29

（十）陳震東兄（超市飲水機販售經理）

昨日在天母超市和您偶遇，

您的敬業與熱忱讓人感佩！

今附上名片與一些資料，給您參考。一樣的努力，在不同的公司，不同的制度，會有截然不同的表現與成就，您以為然否？希望下次還有機會和您面談，相互請益。

See you 敬祝

業績輝煌，一路長紅！

裕盛敬上83．3．28

（十一）周小姐（背景：出國多年，又回來重新出發）

很高興能接到妳的來電（也訝異！）

出國多年後，仍選擇回台灣奉獻，真是一件好事！

聽到妳結了婚，有了baby，也為妳高興，女人嘛！總是期盼幸福美滿的歸宿，恭喜妳。雖然當初交淺言深，但妳仍不忘互相聯絡，這一份常在我心的維繫力，也就是妳成功的因素吧！

既然選擇重新出發，何妨好好規劃。我相信妳一定下了一番功夫在研究，以一個好朋友的立場，是否也能提供一些意見給妳？

1.趁年輕，多打拚，憑能力賺錢，應是我們的責任，在很多行業高喊百萬年薪不是夢的時候，殊不知，在南山，百萬年薪不過是個起點！我無意輕視任何行業，所謂行行出狀元；只是，既然選擇重新出發，為什麼又要劃地自限呢？

同樣的努力會有相當差異的演出，什麼原因？惟制度與市場也。

2.南山的制度，政大企研所評為人類智慧的結晶，在業界亦有風評。制度的精髓，誠如本公司總經理林文英先生接受《卓越》雜誌訪問時所言：無底薪精兵制。不怕業務員賺錢，你有多大的實力，就給你多大的舞台。初期的無底薪制吸引真正的一流人才。（所謂底薪即Limit income，亦為先發的佣金。）後期的續繳佣金制，卻是我們年輕時付出年老時回收的最高屏障。合理佣金制，讓人才發揮得淋漓盡致，成就了一生的事業。

3.附件內有一些市場的資料，①投保率目前為41％，②保額偏低，③國民所得提升至一萬美元，這是我們的利基。未來五到十年台灣保險業將做高角度的揚升，而妳，是否願意在這揚升的過程中，占有一席之地？

求妳這樣的將才進入南山，固難！

但強兵手上無弱將，強將手下無弱兵，兵隨將轉，良將賢才，則事半功倍，往後在南山事業的天梯裡，妳必然攀升迅速，服務人群的深度，亦更加寬廣。人云一命二運三風水，我相信緣分，更相信自信與努力，希望在下次的交會裡，讓妳我更成功。為生命中不可多得的際遇，盡情喝采！祝

夏日情懷，一擊而中！

裕盛82．7．18

親筆信函，感受不凡

除了親筆函之外，信封內還可包括：

1.保險業相關資訊。

2.公司介紹（報章雜誌報導尤佳）。

3.通訊處介紹（例：永豐通訊處）。

4.個人資料（含照片、得獎紀錄）（參看第七十八頁與第八十頁）。

注意：

1.信件以掛號寄出，確保對方能收到。

2.不一定要用公司信封，以免被有心人惡意遺失。

這樣做的優點：

1.親筆寫信，表示你的誠意（及才華），打破不學無術的刻板印象。

2.附信內其他資料，讓對方有機會粗淺認識我們的行業，做初步教育。

3.得獎資料一定要附，千里馬找伯樂，你也要有伯樂的樣子，成功追隨成功，先有成功的樣子，才會成功（success to successful）！

4.掛號代表你的重視，挑選品質高的信封及信紙，全力以赴，絕不低估對手。

第十五章 善用電話發揮良效

上海名人杜月笙曾說：
中國人吃三碗「麵」：
情面、體面，及場面。

信件寄出後三至五天，算算對方已收到信件，請祕書打電話過去，轉接給你（等個數秒），

「陳XX呀（直呼其名或現銜），不好意思，讓你久等了……」

「沒關係……」

「上次見面到現在真的好久了，還記得我嗎？」

「記得呀！」

語調儘量輕鬆、愉快，自信而明亮。

「喔！對了，我寄了一封信給你，不曉得收到了沒有？」

「有啊！您真客氣！」

「還好啦！有緣嘛！覺得您也很優秀，有空，是不是和您見個面再聊聊？」

（一）若回答：「好呀」則直接談地點。

（二）若回答：「聊什麼呀！」有些傢伙比較調皮，明知故問。

「聊聊你的工作，我的工作，你的成長我的經驗呀！看看能不能多累積些智慧，對彼此的工作也多有幫助呀！」

「哦！好呀！」你是如此的熱情，談的又是正面積極的事，人家當然不好意思拒絕你，反正見了面再說，對，見了面我們就有得說了。接著就約見面地點及餐廳。重點是不能太寒酸。國泰集團蔡萬春早年跟人家談生意時，都約在大飯店的lobby，氣派嘛！又可以震懾住人。他說，上海名人杜月笙曾說：中國人吃三碗「麵」：情面，體面，及場面。的的確確，再次面談的地點非常重要，盡可能選擇配合他上班地點附近的大飯店lobby或精緻典雅幽靜的coffee shop！

第十六章 面談(A)——雲淡風輕

氣氛輕鬆自然，態度輕柔親切，
展示你足以成爲他的師父，並仔細觀察，
他能否勝任我們這個行業？

電話約訪如果跳過書信的過程，則成功率相形降低，一來對方對你沒什麼印象，二來不知你的意向如何，大家都忙，何必相見。因此，書信的部分益形重要，切不可漏掉此一步驟。大凡任何形式的面談，都有三個P：

■Process（過程）

■Purpose（目的）

■Pay off（收穫）

第一個P談如何來到見面的地點；第二個P思索和你會談的目的；第三個P則想像會談之後的收穫，書信給他想像空間，電話邀訪就容易得多了。

現在切入面談(A)——

1.人物：一對一。

2.場地：老爺大酒店法國廳下午茶（下午二至五點）（希爾頓二樓coffee shop下午茶菜色頗豐，缺點是吵雜了些。）預先訂位靠窗的位置，能看見中山北路川流不息的人車及午後陽光穿過綠葉灑滿人行道一地的金黃。

3.態度：直接表明要增員他的企圖，A到B的最短距離是直線，不要拐彎抹角，科技時代，大家都忙，快人快語，對方心裡好有個譜。

4.內容：知己知彼，百戰百勝。

①介紹自己（何以成為對方的師父）。

- 海參崴軍港（得獎紀錄詳細展示）。
- 自己當初如何走入這個行業。
- 如何奮鬥，如何克服困難。
- 這個行業的特點，和對方行業的差異性，制度的特點在哪裡？
- 自己如何由逆境邁向成功。
- 這個行業的展望如何&比較他的行業。

（注意比較時避免正面的批評，而在客觀的陳述。）

• 你未來的遠景及他的成功步驟。

②：深入了解對方（probe）（有否資格成為我的徒弟）。

• 了解他是何種船艦（航空母艦抑或漁船？）。

• 企圖心的有無（有沒買房子，貸款壓力如何？原來公司的升遷及加薪瓶頸）。

• 親和力的再次觀察（穿著品味，公事包、髮型，是否有搔首弄髮搔頭晃腦的小動作，用客戶的眼光來看是否能接納他這一型的sales甚或喜歡他。觀察他的笑容、牙齒，傾聽的態度，吃、喝的神態有否落落大方或舉止可笑，慢慢的聊，細細的觀察，蛛絲馬跡小處著眼。是否抽菸，抽得凶不凶？愈深入了解，失敗率愈低）。

• 人際關係的探索：

個性如何？樂觀或悲觀？換過幾個工作？為何離職？原來職場同事的關係如何？舊客戶的關係如何？婚姻呢？是否已婚，看法如何？兄弟姊妹的排列，各在何方何職，對你的新職是為助力或阻力？

（幫助他尋找將來的準客戶，邁出成功的第一步。）

• 探索他離開現職的可能性：

主管、同事、客戶三者的互動關係。

很滿意，抑或埋怨？埋怨點在哪裡？現職已待了多久，很新鮮或久了厭煩，薪事誰人知，滿意度如何？年終獎金呢？職位升遷暢通否？有無空降部隊？

- 如果才剛到現職不久，他仍有很強的新鮮度，可能要一下子很快離職很不容易，這時候我們需要耐心waiting，等待他時自己要保持進步。
- 如果談得順利可直接再切入上課及考試（步驟六），一時無法馬上決定，則準備進行面談(B)（步驟五）。
- 總而言之，這一次的面談決定了你要不要他，並考慮他離職的可能性，及何時進來成為我們的夥伴。
- 氣氛輕鬆、自然、態度輕柔、親切，細火慢燉，深入了解，快樂的午後森巴，是為上策。

第十七章 面談(B)——風狂雨驟

如果你有行動力——你將會成功，
如果你有創造力——你將會卓越，
如果你有影響力——你才會有成就！

面談(A)的地點，我偏重下午茶，氣氛輕鬆自在，怡然自得，在不設防的心理狀態下，準增員對象比較容易打開心扉，接納我們的觀點，如果一不小心，準增當場就決定要來做保險（專職），那豈不快哉！所謂兵不血刀，輕舟已過萬重山。人家是杯酒釋兵權，我們可是杯咖啡釋前職，不亦休乎！（休者，愉快也，出自史可法〈復多爾袞書〉。）

增員考驗你的影響力

然而，如果萬一沒這麼順（天下事不如意者，十之八九，國父說的嘛！），面談(A)一定要達成的效果為：你到底要不要他？如果不要，面談(B)就不必了，如果答案是肯定的，你覺得他來做保險成功的機率高，那麼，問題就出在人家還不一定要你，所以一時無法做決定，要不要選擇你！因之，面談(A)（下午茶）的功能是「我選擇了你」；面談(B)（晚餐）的功能是「你選擇了我」。

所以，如果面談(A)是輕描淡寫，雲淡風輕，是開胃菜，是前戲；那麼面談(B)就是決戰，是狂風暴雨（約翰王講過，沒有暴風雨，將會是多麼污濁的天空。是的，沒有風狂雨驟，怎麼洗滌準增員對象內心污濁的心靈與短見？哈哈！），是主戲，傾全力一擊，壓軸演出，touch down！

既然是傾全力演出，就要有一流的搭配演出：

1.一流的餐廳：

牛排館的餐廳，西餐＋咖啡＋音樂＋同事＋talk＋資料＝增員成功。

西華義大利廳、晶華牛排屋都是很好的場地，君不見南山後起之秀，第十八屆高峰會議會長李建升就是在晶華牛排屋俯首就擒的。此君逍遙法外一年多，其主管張先生莫耐其何，靈思一動，搬出雷霆重砲手——林裕盛是也，一記翻雲覆雨手，不叫猛牛不歸山。一場晚餐換來一員猛將，何其成功的策略，何其漂亮的一擊！當然，建升本身的才華，努力一流，才能換回這一身的榮耀，恭喜他！在公開的場合，他言必稱裕盛為師父，雖無實利，卻也夠了。能夠造化另一位保險人才，不就是我們的期待嗎？看別人成功的這份喜悅真真筆墨難以形容，更多優秀人才共同灌溉這片保險園地，讓它蓬勃發展，更是我們共同的願景啊！

如果你有行動力——你將會成功。

如果你有創造力——你將會卓越。

如果你有影響力——你才會有成就！

而各位，增員，就是考驗你有沒有影響力，能不能幫助別人成功？你帶著幫他的念頭去增員，攻無不克；若帶著他幫你的想法去增員，則窒礙難行，同樣的動作，不同的想法，差之毫釐，失之千里唉！（嘆息！）

2. 兩個打一個～三個打一個：

面談(A)是one on one，輕騎出擊。

面談(B)則要屯重兵，務求一擊中的。大家看過NBA籃球賽吧！對！就是快攻上籃，一對一時你本人魅力不夠，他才無法下決心追隨你，既然如此，曉得自己的缺點，針對缺失做改進，一個打不贏，咱就來打群架，訴諸團隊的魅力，可以嗎？

成功無捷徑，要按部就班

來，在營業處找和準增對象：

①工作類似。

②形象類似（性別、長相、高矮胖瘦）。

③學歷相似（大學對大學，碩士對碩士，王八配綠豆愈看愈對眼）的同事。

④直屬主管。

一起同行，選擇四個位置的桌面，不是兩個兩個面對面，拜託！要菱形◇的，懂不懂？又不是要談判。千萬別搞錯。

位置不能離鋼琴太近，吵死了，大家扯得臉紅脖子粗；燈光不能太暗，否則會看不清楚資料及彼此臉上的表情。有點音樂，燈光柔和，餐廳主人和你很熟，殷勤招呼，顯出你的分量，其他搭配者默契十足，打蛇隨棍上，對，就是這樣，慢慢進入主題……

3.主題是什麼？

①我選擇了你，你選擇了我。

②面談紀錄表。

③上課考試（推銷一個禮拜的專業課程）。

④離職與轉行。

總結：

面談(B)的重點在於，他終於同意來考試及簽約。因為他再次看了優秀的未來夥伴（人才往兩個地方走，一是高薪，二是其他人才），看到你的團結力以及你再一次的魅力演出，對於追隨你能否成功的疑慮一掃而空（燭影搖紅，他焉能不醉）。至於要做part-time或專職，尚在未定之天，還要後面步驟的延續才會決定，然而，到了今晚為止，你總算又多了一個part-time的業務員，他將來有可能做專職，給自己一個喝采！

NBA超級天王麥可．喬登曾說：成功沒有捷徑，在於按部就班。OK！讓我們一步一步邁向成功！

第十八章 上課考試準備出擊

新秀輔訓是你挑戰人生里程碑的培訓班，
不是什麼談戀愛辦團康搞社團，閒來無事群聚唱歌跳舞的地方，
既然你有膽有識選擇入行，
就得收拾嬉鬧之心，聚精會神全力以赴，贏在起跑點！

不管準增員對象將來是做專職或兼職，訴求總公司舉辦的專業課程是必須的。

專職從事固然要上，part-time者更要push他去上課。你想想看，人已經是兼

職了，如果產品知識也是一知半解，那如何能取信於人呢？

有些通訊處自力夜訓，請準增對象在晚上七點至九點連續三個晚上，由處裡的同仁兼任講師。個人以為這種方式不甚妥當，這是原則與代價、效果的問題：晚上來上，白天他們已夠累了，晚上效果怎會好？

總公司負責基礎訓練，有專人上課，整整五天，為什麼要事倍功半地在通訊處辦？再來是代價問題，準增想要入這個行，想要掙錢，當然得付出代價去上課，怎可事事遷就，寵壞了他，這可不是好事！沒時間上白天的，沒時間就不要上嘛！怎會沒時間，向原來的工作單位請個年假、事假總行的嘛！

事實上不是沒時間，而是不願意，既然不願意付出，你又何必委曲求全到這種地步，有些主管甚至通訊處不開班，自己降格以求，美其名為家教班，自己教，實則貶低自己，事事逢迎準增。大家要知道，野戰部隊提供的是殺敵的技巧，是如何把業代的case收回來，是戰場上的真功夫，而不是產品解說，拜託，不要本末倒置，壞了原來可以好好進行的一件事。

所以，請他好好地去總公司上課，中午休息時間你再去找他，精神上慰勞鼓舞一下，五天一定要盯緊，下了山才好向通訊處報到，你們也才有共通的產品語言好溝通。當然，基本教育訓練考試過了，還得報名公會的考試，大概還要個把月的時間，這時候需按照「出師先捷表」來做，按部就班，並帶入通訊處，做進一步的銜接教育，並好整以暇地進入另一階段。（如第一六一頁附表）

現今的新人輔訓已經不止五天了，長達一至三個月！但本末倒置的畫面常常令人啼笑皆非：

新人上課的第一天，大樓門口總是有焦急等待的主管，報到的教室門口也擠滿了陪同的主管……如果這個新人一開始就要這樣呵護備至，將來他怎麼適應冷漠客戶的無情與殘酷市場的考驗？新人需要的是作業時的指引，而不是如奴僕般的侍候，壽險事業的傳承是師徒制，師父變成奴僕，真是把自己做小了！

面對一個二十五歲的年輕人，他去上班，你告訴他一個月領22K，一年三十萬好吧，五年總共領了薪水一百五十萬，佛心算兩百萬吧。你人生最寶貴最菁華的五年（二十五到三十歲）只賣了一百五十到兩百萬台幣，你甘心嗎？（在我們這個大家都不想來的行業，一般的主管一年的收入就是這個價，稍微頂尖的這個數是所得稅），你整個五年才值這樣，不覺可惜嗎？弄清楚了為什麼要來壽險業，想明白了是來拚自己一份事業，他去上課，你還需要眼巴巴的在一樓大門恭候他大駕嗎？

保證出師先捷

永續經營　豐富一生

「對於尋求一份事業——而不是只想謀一份差事——的人而言，推銷人壽保險報酬至為豐富。透過這一份專門的事業，一名業務員若是具有追根究柢的精神、個人的責任感、正直、充沛的活力，以及發展必要技巧的自律精神，必然可以在事業生涯中找到無數的成長與自我實現的機會。」

	完成日期
1.填寫並分類100份準客戶名單。	______
2.完成總公司新人訓練班暨考試通過（三天）。	______
3.完成總公司產品介紹課程（二天）。	______
4.通過壽險公會登錄考試並完成簽約。	______
5.完成總公司在職訓練課程（三天半）。	______
6.謄寫並開始學習事前拜訪的措辭。	______
7.締造4件已繳保費的個案。	______
8.聽「推銷實務」演講（或YouTube等影音紀錄）三場以上。	______

9.指定讀物：

①《英雄同路》

②《功夫》

③ 新版《雙贏》

以上的指定工作全部完成！

營業單位經理	直轄主管	業務員
______	______	______

第十九章 進入通訊處

信仰堅定，
信任公司，
信任產品，
信任主管，
信心確立則無堅不摧。

通訊處對準增員對象來講，是一個陌生的場所，即使先前曾來過一兩次，但那和要來此上班，感受是截然不同的。

1.帶領準增員對象到各區辦公室拜碼頭：

各區經理熱烈表示歡迎之意，並介紹其他主管與其認識握手，允諾需要時必提供援手，祛除陌生與不安感。

2.整潔明亮的辦公環境之必要：

第一項是軟體，務必做到「熱情的島嶼」有賴全體「夥伴」（注意「軟體」這兩個字）的共識與經營創造。島嶼熱情，則人旺氣旺，氣勢磅礡；反之，冰冷的城市則人去樓空，門可羅雀。本項則訴求硬體，整體環境要乾淨，整齊、明亮，成功的架勢十足，屏除一切髒亂，給予大家一個良好的工作環境人人有責，不是嗎？

3.通訊處必須營造：

①家庭化的氣氛——其樂融融。
②學校化的氣氛——學習效果佳。
③社團化的氣氛——能夠透過活動的舉辦參與提升能力。
④宗教化的氣氛——信仰堅定，信任公司，信任產品，信任主管，信心確立則無堅不摧。

第二十章 參與通訊處活動

區單位經營，
小團體訴求的是溫暖和溫馨，
是挫折的醫療站及勝利的共歡呼。

在各個通訊處裡都有很多活動，例如：

1. 週一演講會（月會）：

公開表揚優秀同仁及介紹新人，熱烈的掌聲、興奮的神情與殷切的期盼。人總是希望被認同、欣賞、肯定，找個人最多的場面介紹新人，讓他跨出人生的另一步。

2.週五區夕會：

區單位經營，小團體訴求的是溫暖和溫馨，是挫折的醫療站及勝利的共歡呼，容後再詳述。

3.每季進修會：

為期一天的活動，邀請各通訊處傑出主管蒞臨指導，相互切磋，學習新的技巧。

4.若是新人，並不急著推到市場去，反倒是充電的工作要不斷加強，若電力不足，貿然推出到市場上去，很可能一下子受挫太深而急速退卻，就得不償失。建議多安排他聽演講，參加進修會，若速度不夠，則可準備八張影音資料，CD或DVD皆可（公司優秀同仁之演講紀錄，經過挑選，所以有演講時，必要錄影錄音，以方便將來自己member聽），並要求做筆記，如此加深印象，加深功力。再次強調，不要急著推新人上戰場，一有沮喪神情，拉回來做充電，免得初期就損兵折將，心疼哪！

5.四個問題：

①我為何從事壽險工作？

②我為何選擇這家公司（風評與背景）？

③我的目標（一年內）及如何達成？

④試舉生活周遭的保險實例或故事！（請參看下頁，agent寫的homework）

5/11 (二) 觀賞黃敏智、林裕感經理演講錄影帶之心得、

1、肯定自己、多學習、充實自己的專業形象、
時常面對自己、超越自己

2、熟能生巧是不變的事實
→ 莫執行努力＝平時紮根做得好、時機一到、一片
好風光、隨時保持自己的工作精神

3、失意時、回頭看看新進業務人員、自己當時不是
懷抱理想、要有所作為而進入（不要逃避）

4、歡歡喜喜走這一條保險路途、多體會沿途風景、
收穫良多、→不要遺忘身旁須要你關心的人、

5、大自然很公平給人一副牌、但不要到牌局將殘時、
才想重新洗牌 ——→ 悔不當初、

6、開創無限、無中生有、準客戶就在你身邊、

7、每個選手後面有盞燈、教練的責任就是把這盞燈
點亮、讓選手看清自己所追求的目標、

8、接受別人的傳承、再傳承給別人、（保險）

黃雅蘭 5/11

5/13(五). 觀賞容永祺經理演講錄影帶—巔峰銷售

1、有「需要」就須要買保險.「保險」只不过是從你自己的銀行撥出部份款項存入保險公司.還外加保障 —→ 不要把雞蛋全放在一个籃子裏.

2. 把拒絕的答案演變成問句是最好的技巧
柔代回答的技巧很重要.留心傾聽客户話中意思.

3.

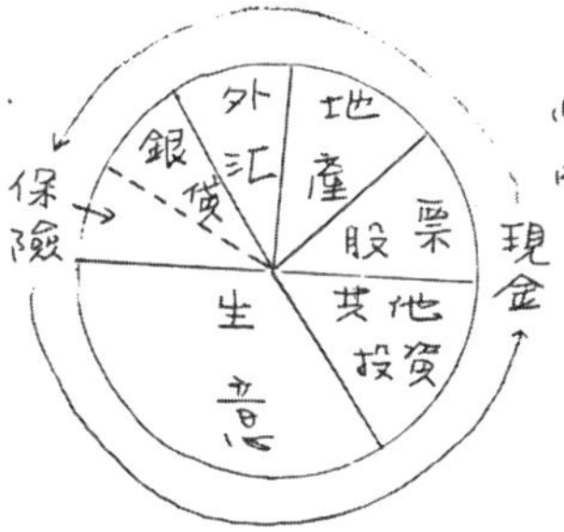

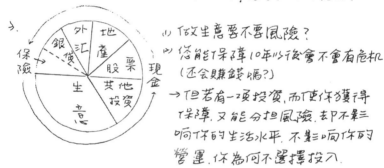

(1) 做生意要不要風險?
(2) 您能保障10年以後會不會有危机
(还会賺錢嗎?)
→但若有一項投資,而使你獲得保障.又能分担風險.却不影响你的生活水平.不影响你的營運.你為何不選擇投入.

4. 当客户提出拒絕答案時.保持冷靜.表面同意.但心裏却不同意.以拒絕為問句反問出原因.

5. 木偶劇的表演、不是木偶好看.而是幕後操縱者的結果.公司的投保不是自己的.身為一位公司的生產決策者.更應該為自己作下一个明智的抉擇
—為自己投保.

黃雅蘭 83.5.13

一、你對保險的認知

1. 是份自助助人的工作。
2. 保險是個雪中送碳的工作，亦是錦上添花的工作。
3. 保險是現代人不可或缺的，更是現代理財應列入優先考慮的要事。
4. 保險是先享受後付款。
5. 保險是晴天不借傘，雨天有傘拿的地方。
6. 保險是以小博大的安定工具
7. 保險就是大型互助會，一點點的入会互助金，就有廣大的會友替我們擔保醫療費，退休費和生活費，如果發生重大的生命事故，還能得到大筆安家費，讓家人免除困苦生活的威脅。

二、舉例親友之保險故事。

在約六年前我原先上班的公司有兩位同事（一為26歲 一為51歲）因工作上起爭執双方互為爭吵，年青的鄭姓同事順而出手一拳重重的重在林姓同事的眼右眼処而不支倒地命歸西天，雖然林姓同事身材健壯並練得一生的柔道功夫，却经不起突然如奇來的重击，而撒手告別人間。

雖然林姓同事突然告別人間，留下八十高齡的老母親及妻小，但在傷心之餘，讓人頗感安慰的事是林先生平時有正常的保險觀念，也正因為這樣，林家不致因為傷失了经濟來源制造者，而面臨困境。

三、你為何到南山

1. 南山是個取之不儘，用之不絕的宝礦。

2. 投入南山事業，是我個人事業的第二春，只要我毅志力不变，体力能支持我，我不須投入大筆資金，却能讓我的事業不斷的發揚光大，而收入能無限制的增加。

3. 投入南山我可以無後顧之憂，更無須為將来的退休金而操心。

4. 透過南山事業能讓我認識更多的新朋友，更能使我認清之前所交往的朋友何者是患難之交，何者是所謂的酒肉朋友。

5. 保險是一种具有挑戰性的工作，能透過不斷的學習求成長，及經由不斷的改变使本身思想更為年青化。

6. 南山的制度公平化，是任何肯上進有企圖心的人之最佳工作環境。南山的文化是公開的，前輩們無私的提拔後進，恨不得能把它由鉄練成鋼，而一般行業却是師徒相授留三分。

7. 南山是所有保險業當中形象最优良最被社会大眾所認的專業性的壽險公司

8. 從事南山的壽險行銷能使我的美夢成真。

四. 你一年內的目標及達成方法

1. 目標：

a. 年度FYP最少250万

b. 83年4月1日晋陞為主任

C. FYC年度為150万

2. 方法

a. 訂立每月份及每週預定拜訪之客户名单並区分客户等級。

b. 加強拓展A級準客户，並力求於預定時間內達成。

C. 廣泛的開發新客源，以提高準客户之庫存量。

D. 透過不斷的學習，提昇本身的銷售技巧能力。

周明德 82.12.20

一、你对保險的認知

以前在学校，雖唸了四年的保險，对保險的認知仍不深，因学了太多的理論，只知道考試時就是"背多分"，產險、壽險只要有字就背，保險对我来講是不着邊際的東西，待出了社会進入南山實際參與，才感受它的存在與重要。

二、為何到南山

我是迷迷糊糊進南山的，怎麼說的呢？去年5月畢業之際，同学陸續都找到工作了，在安泰、富邦、新光等，而我放棄了空姐工作後也開始找工作，那時对南山好像没什麼印象，只覺得好像还不錯，当時認為大家同学同待一家公司没有什麼意思，所以選擇跟同学不一樣的"南山人壽"，所以就這樣進入"南山人壽"----

三、舉例親友之保險故事

我舉的是親身例子，父親10年前死於鼻咽癌，家中支柱走了，經濟一時進入困境，因為我們没保險，雖然我們熬過来，但這其中是非常辛苦，所以保險对家庭、社会都是非常重要的，也只有親身經歷才能感受它的存在與重要！

四、我為何由內勤轉外勤？

進入南山擔任秘書工作已一年了，經理形容這是魔鬼訓練營，我舉雙手贊成，從完全不懂到稍懂至今，或許有人會感到納悶，多久前的離職，現在為何會有如此的轉變，從離職到留下來再到決定出來做業務，這中間的變化連我朋友都不敢相信，我自己也沒想過，但在經過對自己的剖析之後，在這碰到的工作瓶頸下一個工作也會碰到，內勤工作就是如此，我要成長，只有走出自己的象牙塔，秘書是我的"職業"，保險業才是我的"終身事業"，要無本創業只有服務業，而服務業只有保險業！

我生長在很傳統、保守的家庭，在家排行老么，一直是家中的異類，跟家人比較不一樣，從事業務之事、當然啦，跟大多數人一樣，家人反對，我媽怕我變壞，我說會變壞在任何行業都會變壞，且要會變壞，12年前早就變壞了。我媽問說如有一天做不下去怎麼辦，我沒想過，如真有那一天，那回老本行找份工作也不難。剛做業務會很苦，這我知道，但我不怕，再苦的日子我都熬過了，熬過了、成功就是自己的，成功的條件 一機會 二能力 三努力，進入南山給了我這機會，進而培養我的能力，而只要我的努力，我會成功的！

在營業處聽了許多的演講及激勵，我總是面面的學，習習習的做，最重要的激勵是來自於自己"想要"的心。有些朋友，我想去拜訪，我雖沒有淑惠、阿潘的大保單，但今天我所推銷的是一份保障，大小保單都一樣……

羅美惠

生產週報表
工作表現評估與計劃

姓名：許玉綠　本月目標 20万 已達成 88,900.-

82年 12月6-12日　本週百分 21　累計 45

營經績永 豐富一生

	合格準客戶	初訪	複訪	送建議書	簽要保書	安排體檢	收保費	其他
1	陳蕊卿	✓ 12/9						
2	胡路彬						✓ 12/6	
3	胡議文						✓ 12/6	
4	徐孝孟	✓ 12/6						
5	鄧莉芳	✓ 12/6						
6	曾啓斌		✓ 12/10					預定12/11面交
7	田訓民	✓ 12/10						預定12/14上午去收
8	楊啓良		✓ 12/10					預定12/16上午去收
9	許秀雄							請准簽準客戶
10	陳怡蓁							〃
11	白美玲		✓					
12								
13								
14								
15								

本週成交新契約

	姓名	保額與險種	實收保費	年度佣金
1	胡路彬		49280-	
2	胡議文		39620-	
3				
4				
5				

成功公式
↓
12次會談
可產生
8份要保書
可收取
保費2件

☆沒有離開的客戶，只有離開的業務員——永不輕言放棄。

☆開發準客戶賺取佣金的百分之九十，銷售賺佣金的百分之十。

☆推銷的關鍵在於拜訪、拜訪的關鍵在於面談、面談的關鍵在於有力的辭句。

☆牢記銷售程序：搜集資訊、接觸、尋找問題、提供解決方案、激勵與成交。

☆成交後不要忘了永遠的售前服務，以留住客戶，進而達到深耕廣耕。

＊二年內成交100件。

第二十一章 正式作業全力以赴

出外拜訪客戶，冷臉多熱臉少，不論別人給你熱臉還是冷臉，都無損我們的優秀！

（外面的世界，尊重的是虛榮的背景，而非人本身。）

不要把自己的尊嚴抬得太高，我們的尊嚴是在成交之後；也無須把自己貶得太低，能夠選擇這個行業，你的智慧勇氣情商俱已經高人一等！

當準增對象決定正式作業時，其必要配合的作法是：

專職

1. 開早會

2. 配合《英雄同路》。
3. 填寫百分卡（每日二十分每週百分）（如下頁）。
4. 開夕會（監督的時間上台報告）、填寫生產週報表（參閱上一章）。
5. 詳述銷售循環（Impact）。
6. 10－3－1法則：
10：十個面談對象、十張建議書；
3：三張建議書、三張要保書；
1：一張要保書、一張close。
7. 晉升目標（主任、襄理、區經理、處經理）
得獎目標（四星會、高峰會、榮譽會、海外研習）

兼職

1. 開早會（儘量抽空）。
2. 開夕會（要求一定要參加，強調「這是為你辦的活動，你怎能不來？」）。
3. 最有效的銷售對象陪同推銷，讓其賺到錢產生信心。
4. 晉升目標（同期專職夥伴激勵）。
5. 隨時保持聯絡，因才施教。

每日20分／每週100分

銷售活體	分數	MON		TUE		WED		THU		FRI		SAT		SUN		總分
接觸／電話約訪		T	P	T	P	T	P	T	P	T	P	T	P	T	P	
取得會談																
遞送建議書／壽險諮詢服務／資料蒐集及建議																
取得三位準保戶參考名單																
簽要保書																
收取保費																
總分																

承諾：我必須達成每日20分（一週五日）或者一週100分。
取得前三位準保戶參考名單得3分，隨後每一位得1分。T：統計單位，P：分數。

掌握「每日20分／每週100分」卡

在此推薦「每日20分／每週100分」記錄卡，透過它，可幫助你督導每日的活動，也可以找出你仍需加強的推銷技巧。

使用這項工具，明顯的有下列好處：

・只對最重要之推銷活動分配得分。因此，你可以避免空耗寶貴的光陰和精神，而一無所獲。

注意：一個會面，將為你在不同的範疇，取得好幾項得分。
例如：簽一份要保書，那至少為你贏取10分。

・為了取得每週100分，你無形中，已樹立每日爭取最低20分的目標。這是維持中等成績的最起碼要求。若想表現優異，則須訂立更高的目標。每日工作完畢後，你可依據前面的「星期推銷計劃」記錄中，將活動記錄於「T」（即tally）項標題下；而後，在「P」（point）項標題下，依據所示的應得分數，填寫每項應獲的得分。而你就可以算出當天的得分。

切記：只許轉載已進行或發生的活動。舉例：若準保戶未能露面晤見，則不會給予任何「得分」。

多數人只明白，收到保險費（FYP），即可賺到佣金（FYC）。卻不容易明白，佣金的賺取，是由於您有一連串的業務活體，如接觸、取得會談、送建議書、簽要保書、收保險費等等。有一位業務員經過長達三個月的統計，每月400分的工作要求，使他賺取每月60,000元的佣金。換算每1分約等於150元的收入。也就是說，他取得一次會談也有450元的收入，送一份建議書有900元的收入。而他的總收入，就是這些活動的總和。或許每週100分未必就是你的標準分數，但是幾週的統計下來，你應可知道你的業務活動量是增加或減少了。這有助於了解，你是否已建立起良好的工作習慣。

Chapter4

不可忽視的增員重點

增員的Magic No是30－5－1法則：
三十個接觸面談，
會有五個通過測試成為part-time業務員，
產生一個專業業務員。

第二十二章
切中要害精闢入裡的增員要項

主管會選擇人才，不會介紹壽險事業，則根本不可能有業務陣容。

主管的第三個能力——介紹壽險事業：

前面我曾提出主管應具備三種能力（請參閱第五十八頁）：

1.高效率的推銷能力。

2.選擇業務人才的能力。

3.介紹壽險事業的能力。

高效率的推銷能力是最最重要的，是所有業務人員立於不敗與乘勝追擊最重要的能力，捨此，則業務員無立錐之地。

強調有利特色

我們也知道，「會介紹壽險事業，不會選擇業務人才，我們的業務班底必定很差；但是，會選擇人才，不會介紹壽險事業，則根本不可能有業務陣容。」（這句話太重要了，請大家牢記在心。）前兩個條件在前面我已經申論過了，現在我們就第三個能力加以深入探討。

介紹壽險事業

1. 這是什麼樣的工作——我將如何從事？
2. 這是什麼樣的公司——我將如何成長？
3. 這是什麼樣的營業處——我將如何接受訓練與輔導？

1. 這究竟是什麼樣的工作？

①簡單地說，這是一個推銷的工作，進而可以由推銷↓組織↓管理↓經營，合於人性需求，是對社會貢獻甚大的工作。

②人壽保險推銷是一份終身事業，透過推銷與組織的發展，可以擁有源源不

斷的收入。

③利人利己的社會公益事業。

2.這是什麼樣的公司？

①簡介公司的歷史沿革、背景、形象。

②列舉公司的風格與特點（社會輿論的評價）。

③透過圖片或電腦軟體來介紹①②項或印刷精美文件（【公司背景】【南山保險與你常在】）

④清楚呈列公司制度及獎勵制度、人事福利等，清楚明白晉升目標與得獎目標。

3.這是什麼樣的營業處？

①通訊處簡介：可介紹贏得的榮譽，以南山人壽永豐通訊處為例：

八十三年元月FYP突破1,000萬獲頒勢如破竹獎。

八十四年元月FYP突破1,500萬獲頒氣勢如虹獎。

一百年十二月獲頒「業績奪魁」匾額。

②通訊處的團隊精神：照片及傑出個人事蹟（參閱第七十八頁和第八十頁）。

③通訊處的風格與特點。

推銷員的素質級數，陣容整齊與否，溫馨的訴求或者戰鬥力的傑出，男性、女性的比例與特色。

事實上，任何有意跨入這個新行業的人，都會問到以上三個問題。為避免日後產生不必要的困擾或者造成業務員的迷惑，以致無法在初期全力以赴，甚而早期陣亡，我們有必要及義務，在事前向這些準增員對象講述清楚，讓他們真切、實際的了解「市場工作是否適合於他」，幫助他們提早踏上健康、成功的保險之路。

釐清四個問題

在前章介紹壽險事業時，我們解決了新人心目中有關壽險事業的三個疑惑。而事實上，增員到最後，增員對象內心深處總有四個問題待解決，這道門一跨過去，增員成功即向前跨了一大步，否則，問題不解決，總覺得不怎麼踏實，無法在壽險事業全力以赴。這四個問題是：

1.公司背景。2.公司制度。3.產品特色。4.市場潛力。

30—5—1增員法則

第一項公司背景已在前章中列表闡述，二、三、四也須個別說明，供人參考，大家可就自己的公司、產品特色自己加以編排，務必清晰明瞭，方能收解決疑慮之效。

本章和第一章一樣，都在解決增員對象的心態問題，蓋態度乃業務員的發動機，必須謹慎安置，切勿跳過不處理，將來從事以後，碰到難題致內心發生動搖，那時亡羊補牢，則為時已晚，切記！切記！

推銷需要做記錄！

增員一樣要記錄！

對每一個增員對象做了什麼事，寫了什麼信，信的內容是什麼（要copy下來），他已經參加了哪些活動，你寄給他什麼資料，甚至提供給他什麼書、錄音帶、錄影帶，統統要記錄下來。一來掌握他的進度，二來確實了解他的心態變化，所謂知己知彼，百戰不殆，道理全在一個記錄功夫上。

我們知道推銷的Magic No是10－3－1法則，而增員的Magic No是30－5－1法則。

三十個接觸面談，會有五個通過測試成為part-time業務員，最後產生一個專業業務員。看起來，增員確實比推銷難多了。因此，下功夫是難免的，成功要付出代價，推銷要付出代價，增員更是要付出代價啊！

左頁附表（增員出擊60天）提供給大家做參考，記住：

真誠、明智的努力——絕不白費。

高品質的增員成果促使好事及早臨門——雄才偉略小組的建立。

增員出擊60天
邁向南山　實現理想

營經續永　豐富一生

姓名／項目	認識	寄資料	面談	早夕會	簽約考試(2天半)	產品課(2天)	公司課程	公會考試	書
✓馬曉鈴	83.8.2	83.8.3	[illegible]	[illegible]					
鄭[illegible]	83.8.4	8/5 8/7在[illegible]	(8/23 8/28)[illegible]	9月上旬	1/4[illegible]				
[illegible]	8/10 [illegible]	[illegible]							
[illegible] 58[illegible]	8/11 7633363(H)								
[illegible]	809450 7(H)	8/5 [illegible]	0607 87963 × 888		[illegible]		9/6	8/31 [illegible]	
徐[illegible]	8/10 [illegible]	[illegible]	8/2 [illegible]	8/4 考試	9/1 [illegible]	9/4 [illegible]	[illegible]	9/6 [illegible]	
蔡[illegible]	[illegible]	10666 [illegible]	[illegible]	[illegible]	9/[illegible]				
[illegible]	[illegible]	[illegible]							
[illegible]政朝	8/3 [illegible]	下月面[illegible]							
[illegible]伯[illegible]	8/23 [illegible]	[illegible]	8/29(四)三[illegible]						
[illegible]									
(50)[illegible]	9/3 [illegible]								
(51)[illegible]	[illegible]	9/5 [illegible]							
✓(52)林一珊	9/8 [illegible]	[illegible]	9/23 [illegible]						
(53)[illegible]	[illegible]	[illegible]							
(54)[illegible]	9/[illegible]								
(55)[illegible]	[illegible] 34 [illegible]	2773855							
(27)[illegible]									
✓(28)林[illegible]									
✓(29)鄧永全	[illegible]	[illegible]	[illegible]	[illegible]					

增員成功方式

任用業務員
↑
通過測試
↑
初步接觸

☆ 推銷他確實有轉行的必要。

☆ 推銷他南山確實是一個事業。

☆ 推銷他你可以帶領他邁向成功。

☆ 推銷他這是一個勝利的團隊。

☆ 真誠、明智的努力[illegible]

☆ 高品質的增員[illegible]

第二十三章 高品質的增員

不要逢人便增；但要逢人看仔細，看滿意了，覺得可以，把握機會增員他。

常耳聞諸多主管口口聲聲嘆氣埋怨，增員很難，找不到agent，綜歸其因可就為什麼增不到員？增員目標、增員條件對象說、增員的心態、增員的流程等，分析於往後章節。首先我們談談增不到員之因：

為什麼我增不到員？

增員不利或許有許多原因，但大抵不離以下幾點：

1.努力不夠：

如果我陣亡的主任都比你們增員的人多，如果這樣，那談什麼？其實不是增不到員，是你「不」增員，量不夠，則一切免談，所以，要努力努力再努力！

2.失敗不再增員：

常聽見：「唉呀！增員不如自己做，搞了半天還得受他的氣，又賺不到什麼鳥錢，還是自己推銷最實在，免得賠了夫人又折兵。」這樣的話，各位看官，不增員是長期的懲罰呀！增員卻是長期的回饋，百年樹人沒聽過嗎？如此容易遭受打擊，如何成就偉業啊！本來他們就是能力不足，成熟度不夠，不然你何德何能成為人家的主管，想想看，請細細思量，再想想看！

不要笨到跟不成材的agent 生氣，有本事，他當主管、你變agent了！增員不是用來生氣的，這個制度人人都得力爭上游，懂得做人、懂得尊重主管聽話照做，將來他的成就愈大愈快速。省下力氣多增員一流的新人進入你的團隊，改造體質才是上策！增員啊發展團隊啊真的難搞，其實難搞的是自己的觀念，身為一個主管要豁然大度，腦袋清楚，懂得在哪裡著力，懂得良幣逐劣幣，團隊就會自然開展！

3.成功不再增員：

某些主管有了幾個member後就趾高氣昂，飛上雲端，從此以為穩坐太師椅，殊不知成功應該乘勝追擊，志得意滿非好事，何況組織源頭是你，一旦中斷增員，屆時組織頭重腳輕可就糟糕了。所謂乞丐趕廟公，心境悲涼莫此為甚！

4.增員方法技巧不好：

嘿！請熟（精）讀《雙贏》增員循環篇！

不要逢人便增員

◎嚴守選才的標準：

增員選才是很重要的，如果連阿貓阿狗都是增員對象，不管其能力條件是否符合，那麼，失敗率當然高；失敗率高後，就愈怕增員，如此惡性循環何時了？所以必須痛下決心，不要逢人便增；但要逢人看仔細，看滿意了，覺得可以，把握機會增員他。選擇的標準何在？你愈是層次高、好球帶愈寬，選人的優勢愈佳！但所謂沒有條件，是講沒有「差」的條件，而不是沒有「好」的條件。大體而言，樂觀絕不可少，因為形象可以調整，心態則難啊！切記！

◎確定自己的形象具吸引力：

準增的形象可以不計較，自己的形象卻要非常計較。準備出發去close一個case之前，請先照照鏡子，我這樣子像是可以close人家的嗎？同樣的，準備增員人家之前，最好也請先照照鏡子，我這個樣子鬼看了會不會怕？有人要追隨嗎？我自己願意追隨鏡中的他嗎？不願意照鏡子、懼怕面對自己的人，永遠成不了大事。形象要好到（A）把人家的目光吸引過來；（B）整個人跟著你跑。那就成功了！尤其行有不得，反求諸己！

◎確信你可以幫助他邁向成功：

確信度一定要夠！

當你對準增說：「你自己考慮清楚，要不要來做保險，我不勉強你，總之你自己決定就是了。」如此的talk，百分之兩百沒有人願意跟你。

「開玩笑，叫我自己決定，我本來就不想做嘛！你這麼沒信心了，我怎能託付終身給你！」此時對方心裡會升起這樣的反對言語。把話改為「跟著我準沒錯，讓我們一起奮鬥，邁向成功！」語氣堅定，詞意鏗鏘，目光灼熱，自信滿滿，那麼冰雪都會被你融化了。此刻成功吸引成功，自然會有人來追隨你。

◎單位沒有氣氛，環境不好：

單位沒有氣氛，你出來塑造嘛！不要問團隊為你做了什麼，但問自己為團隊做了什麼，付出了什麼！你不想活，神仙難救，你想成功，誰也擋不住你，下決心培養你的「雄才偉略」小組（後談），以身作則，很快就能扭轉局勢，創造不同凡響的環境。

第二十四章 增員目標之關鍵

你可以一無所有，但不能一無是處！

年輕人出社會，想清楚：我擁有什麼？我沒有什麼？我想要什麼？爲了這個想要，我願意付出什麼代價？

增員的對象可依以下來尋找：

1.增員有離職線索的人：

①離職的動機深藏不露，故要耐心探索。

②無所不滿，就沒有改變的動機。
③暗示種種可能的顧慮及挫折，不滿的境遇出現了，自然有換工作的一天。

2.增員有市場的人：

所謂有市場的人有可能本來是你的C.O.I.。因此，你必須胸襟開闊的把市場還給他，你成為他的後盾幫他，一旦時機成熟，就很有可能成為你的team！因此，主管必須有開拓市場的能力，和把市場交出來的雅量，發展組織，缺一不可，否則吃乾抹淨，人家還吃些什麼？舉個例：曾姊是我在天仁的客戶，幫我介紹了好幾個case，同時還代開票，人情練達，熱心助人，人緣極佳，後來我趕緊請她吃飯，把市場（天仁證券）交給她經營，她聽了覺得大有可為。她的人情加上我的技術，member信心大增，後來也升了主任。如果不是如此，等到你吃飽了喝足了才叫人家來撿拾殘渣，換作你，願意嗎？開發市場然後交出市場。ＯＫ？

3.離職的線索包括：

①工作不滿意（遠景不明）（升遷瓶頸）。
②收入不滿意（加薪牛步化，年終獎金泡湯化）。
③和主管、同事理想、志趣不投契，有志難伸型。

4.增員年齡適當的人：

想成功，各種年齡的人都有，成熟穩重固然好，年輕的衝勁也不可輕忽。南山有一個通訊處，大都為淡大保險系畢業，儼然社團的延伸，該通訊處也成為淡大畢業生的第一志願，真是可喜可賀！誰說剛畢業沒有人際關係就不能做保險？我說，想成功則誰也攔不住你的！

5.增員愛好保險事業的人：

綜觀而言，這種人大概比較少。

但熱愛慈善事業或社會服務的人應該很多，和他們接近，在聊天中潛移默化，教育他們人壽保險事業，就是社會服務又是慈善事業，同時又可完成自己的理想。將這三贏的現象分析給他們聽，一旦風向轉變，力量不容忽視！君不見名歌星張琪熱愛社會服務，後為陽明醫院的終身義工，又為南山出色的主管，活生生的例子在她身上展現，不是嗎？

6.增員不怕賺更多錢的人：

注意，愛錢並不等於重錢，愛錢是拚盡全力去得到最高的報酬，是對自己的肯定，及求對全社會、國家毫無保留的奉獻！的確，收入高代表所得稅高，消費能力亦強，如此能帶動社會的繁榮。要做慈善捐贈，手筆也大多了！

第二十五章
增員對象條件說

你喜歡他才增員他，不要連自己都看不順眼，只是為增員而增員。

大抵增員對象的條件可分以下幾點考量：

1.樂觀：

歐美日先進保險公司擇才的唯一條件——樂觀，無可救藥的樂觀。比較能適應低潮與失敗，自我檢討時不會鑽牛角尖，一味指責自己不可自拔。

2.為人正直，品德良好（trustable）：

良好的品德才能讓客戶感覺和你有久處之樂，散發出內在的光輝，和客戶維持長遠的關係。增員不在能力，而在品德。

3.想成功，企圖心旺盛：

想成功的人比比皆是，但多數人卻不得其門而入。要給他一匹「好馬」讓其馳騁。旺盛的企圖心，好比熾熱的引擎，隨時準備衝刺而飛，只缺一條不限速無止境的跑道而已。

4.易於接受的外表及風度談吐：

你喜歡他才增員他，不要連自己都看不順眼，只是為增員而增員，如此徒增煩惱與浪費力氣。要強調的不是亮麗逼人的外型，而是即之也溫的親和力，能讓人接近，才有銷售的機會嘛！所以，要看清楚，對方有沒有親和力，還是屬於顧人怨的那一型!?

5.現成市場：

有則加分，全力增員。畢竟有現成的市場，在推銷初期挫折較少，一般而言前三個月的業績可以推斷新人將來的潛力與成就。現在很少人沒有市場的，再怎樣也有同學、當兵夥伴……最重要的是敢不敢開口，否則，不敢開口，市場再好也跟沒市場一樣，殊為可惜。（自主開發很困難，熟的難開口、不熟的開不了口；自主銷售很困難，熟的不好做、不熟的沒本事做。）

6.目前或以往工作的穩定性及良好形象：

對方前科要調查清楚，尤其是自己投靠來做保險的！必須去了解他為什麼要離職？是不是倒會連連，信用破產，走投無路才送上門來？你要搞清楚，否則請神容易送神難，一粒老鼠屎搞壞一鍋粥，不可不慎，後悔就來不及啦！要清楚其背景只要打個電話問問他以前的同事、上司就可明白了。

7.學歷及成績良好：

這當然更是錦上添花，不過也是參考條件，非絕對條件。有此背景之人比較有自信，性格面成熟些；沒有的話也未必不能成材。我說過，學歷與能力皆不足以肩負成功，只有毅力驚人，才能肩負成功，成功與失敗，從來都不是因為能力問題，而是毅力強弱之關係。

8.親屬家人會支持他：

對於準增對象親友之支持，一般而言不要奢望太深。我從來沒聽過哪一家人會放鞭炮，敲鑼打鼓送自己子女去保險公司「拉」保險的（現在我們講推銷保險，但他們硬要說成「拉」，多少有點鄙夷的味道，有什麼關係呢？拉就拉嘛！拉拔也是拉。）親屬家人都支持，大家都來了，那我們吃什麼？所以往往是反對（呼天搶地，斷絕關係，登報作廢式的）在前，等你堅持了，成功了，賺到錢了，父母妻子才眉開眼笑的化反對為支持。拚命吧！各位壽險夥伴，為了證明你是對的，絕不能漏氣！「男兒立志出鄉關，學不成名誓不還」，不要忘了以此自勉。

9.做人成功的人：

推銷，增員都是在做人。統一企業創辦人吳修齊曾說：「做人第一，學問其次，能力再其次，天資常居最末。」不會做人的人，走到哪裡都不受歡迎，成了碰壁大王，人人喊打。不要說成功啦！連失敗之門都進不去，多慘！所以做人成功一定要有自我要求，人際關係的培養擴張就在「做人」二字。行有不得，反求諸己，小捨小得，大捨大得，不捨不得，先給再拿，免得到時領不到錢啊！（推薦書：《與成功有約——高效能人士的七個習慣》，柯維的「人際關係的成功」，宜精讀！）

10.志同道合，能夠駕馭：

增員在培養班底，建立雄才偉略小組，大家推心置腹，才能共創美好未來。否則一人一把號，各吹各的調，離心離德，如何是好？要培植英雄而非梟雄，所謂駕馭不是誰管誰，而是溝通良好，講究倫理，明白領導與被領導間的默契，要發揮團隊的力量，所謂精誠所至，金石為開。

11.健康良好：

南山人壽高雄陳媽媽曾說，要增員，會運動的人成功機率較高，這的確很有道理。因運動員普遍體力好，耐力佳，足以勝任挫折感高、耗費大量體力的保險推銷工作。陳媽媽每次和我出國，我都會在飯店的游泳池碰到她，她也喜歡跳舞，別看她年紀好像一大把了，鬥志與拚勁卻絕不輸年輕人。

記得有一次我和她去等一個客戶，刻意晚上到客戶家攔他，我們一直等到晚上十一點了尚未見到客戶，當時夜已深且蚊子又多，我實在有些等不下去了，於是我不耐的對陳媽媽說：「走了啦！陳媽媽。」

「再等一會兒，既然來都來了！」她老人家都這麼說了，何況是年輕如我者，我只好抖著雙腿繼續等下去。等啊等，等到深夜快十二點時，終於等到了，客戶的賓士車開回來，亮晃晃的車燈照得我們雙眼差點睜不開；而客戶也嚇了一大跳，以為見鬼了（險些沒撞到牆壁），怎麼有這麼敬業的業務員!?各位，從九點多等到十二點，不是蓋的，沒有體力，連客戶都見不到呢！所以加油！要下決心鍛鍊身體！因有良好的體力才能有足夠本錢去拚業績，去迎向成功。

一個人如果連體型都控制不了，不知道他還能控制什麼？除了推銷之六大必要，one more thing：時刻鍛鍊身體，keep shape！

第二十六章 增員面談成功的絕對要素

強調人壽保險是無本創業，最有前途的終身事業，可以讓你享有自由、有尊嚴，而又有高收入的生活。

增員的心態：很多人提到增員的挫折，不平衡的心，這全是來自於我們太在乎對方的配合，你要知道，今天是我們給他一個事業的機會，主控權操之在我們手裡，是我們在考慮他，而非讓他來考慮我們。

心態上如果能轉換為：不一定非他不可或者不要他的心理，話術（talk）就能強勢。譬如這樣說：蛟龍絕非池中物，如果你真是一條龍，三萬元的月薪怎困得住你？是不是就相當強勢有力？

增員的流程（如左頁附表）

凡事都有順序，增員也不例外，其程序為：

1. 準增員對象分級
2. 研究時機（timing）
3. Waiting（非原地踏步的等，要讓他感覺到你在成長）

再論成功的增員面談

增員時面談占有極大成敗關鍵，其各項細節都應注意，茲分述於後：

1. 天時地利人和：

A. 轉行的時段：大體而言容易轉換（變動）工作的時機為年初、七、八月、月底、星期五、六，下班後。

B. 地點的選擇：自己的辦公室、得體的咖啡店、住家（打掃清潔，支開小

增員流程圖

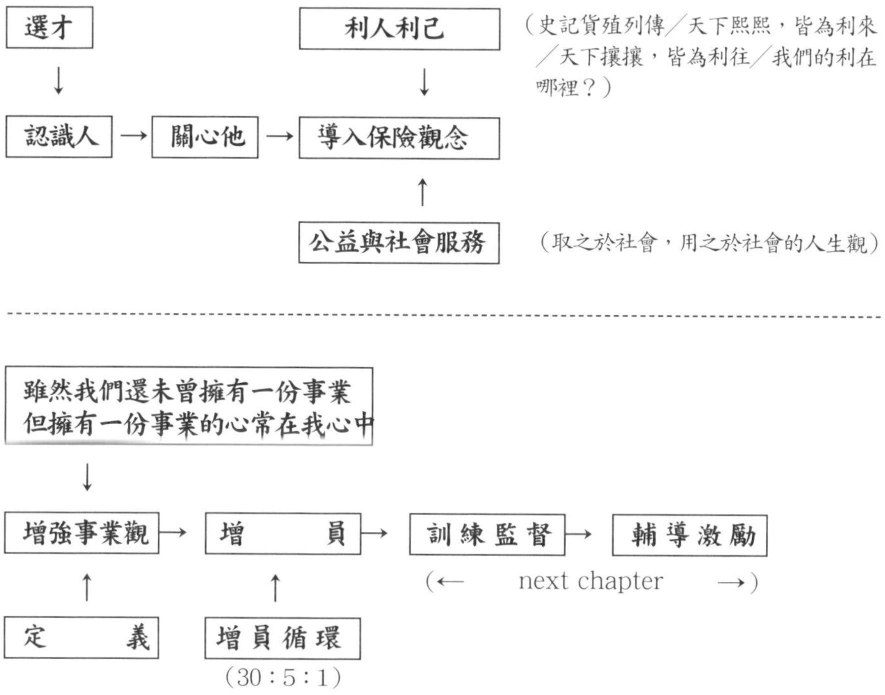

1. 永續經營
2. 收入穩定成長
3. 職位晉升（無須逢迎拍馬）
4. 將來性
5. 零風險無資金
6. 大家來幫你創業

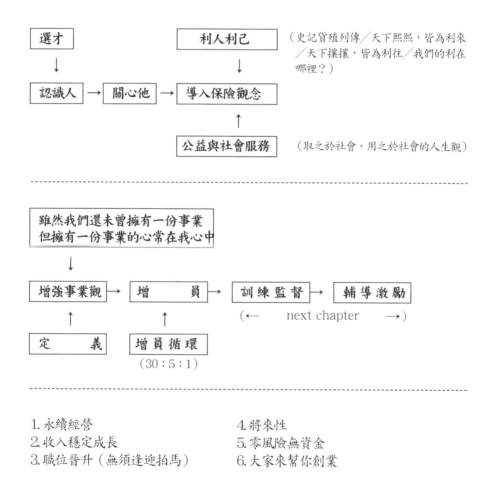

孩）、準業務員辦公室或家。

C.主管協助，優秀業務員佐證。

2.備妥資料：

A.因口說無憑，眼見為實。

B.各種圖片、相片、雜誌正本、表格、公文、數據分析、得獎紀錄須齊備。

增員不是一蹴即成

3.面談步驟及話術：

A.步驟：

第一步：多問——了解對方。

第二步：多觀察——選擇對方合不合適？

第三步：決定——收不收這個徒弟？

B.內容：

①這個工作提供了什麼機會？

②這是一份什麼工作？性質、內容……

③發展性如何，競爭呢？

④公司介紹、公司業務及組織現況、業務制度及業務員收益。
⑤成功要付出什麼代價？需要多久時間？
⑥如何學習，訓練的種類？
⑦問題回答與激勵（領導者必須要有激勵部屬，化消極為積極的本事！）
C.話術：強調人壽保險是：
①無本創業。
②最有前途的終身事業。
③可以讓你享有自由、有尊嚴，而又有高收入的生活。
④步步高升、系統學習，發揮潛能。
⑤今日青春的付出，他日豐碩的成功，累積的制度讓我們無後顧之憂。
⑥一分耕耘，十分收穫。（凡是領薪的日子，都是一分耕耘，不一定有一分收穫，所謂的薪水就是「辛辛」苦苦的那一桶「水」。）
⑦有什麼行業可以持續高收入而不必資金及風險？

4.面談後的追蹤：

增員不一定一蹴即成，有時須長達好幾個月或耗時一至二年不等（將才尤須拔河拉鋸），我們須有釣魚及捕鯨的耐心，當鯨魚中箭後，不必急著追，重要的是我們將繩子維繫住，放繩跟著追，準增跑累了，血流乾了，我們就可將其隨手擒來。

①詳細記錄面談資料。
②定期寄送資料（信件、資料皆要影印存檔，免得重複寄，讓人看笑話）。
③經常電話聯絡（關心對方）。
④可能的話，再次見面。
⑤以上記錄透過「增員出擊60天表格」記錄。

成功的機會不會一來再來

5.增員面談成功的絕對要素：

①場面安排適宜（不要忘了杜月笙說的中國人吃「三碗麵」：情面、體面、場面）。
②發揮主管個人魅力（自信與成功的樣子，要做到吸引他並讓他願意追隨）。
③平實解說工作性質及將來發展（不誇大其詞，初入門的適應期、以後的興奮期、猶疑期、穩定期、成長期均詳細說明，猶如小孩打各種疫苗，免得將來調適不佳而「怨懟你」）。
④因才施教，充分了解業務員的個性、特點及背景，愈詳細愈好。
⑤切入男女朋友或父母，使其成為助力，若不然，亦勿氣餒。
⑥四個「推銷」別忘了：

a.「推銷」他們確實有轉換行業的必要——敞開心胸，認真考慮人壽保險事業。

b.「推銷」你自己確實可以帶領他們達到成功的境界。

c.「推銷」這的確是一份事業以及它所提供的種種利益。

d.「推銷」你的機構，告訴他這是一個勝利的團隊，並希望他以這個團隊為榮。

⑦有力的話術——鯉魚躍龍門，摔下來還是一條魚嘛！沒聽說變成烏龜的！

⑧成功的人善於掌握機會，而人生的機會不會一來再來。

⑨明白提供完善的培訓計劃——學習與成長。

⑩邀你為夥伴，共創壽險事業的高峰與攀登人生的頂峰。

第二十七章 增員來源面面觀

除非找到轉換行業的線索，否則無法增員；無所不滿，無法增員。

八十四年八月十八日由祕書黃雅蘭處得知有一康先生來電，為逢甲大學保險研究所副教授。下班回office時我回電給他，康副教授的聲音由電話的那頭傳了過來：「前幾天我應台中《經濟日報》之邀前往演講，其主辦人提到了你，謂你青年才俊，非常優秀，所以我想來看看你，認識一番……」

「喔！」我不好意思的回答：「哪裡，都是大家不嫌棄，厚愛裕盛了。您現在在哪？台北啊！什麼時候回台中，啊！後天，這樣好了，明天有空請來辦公室一趟嘛，office明天週六不上班，我專程來等你，早上十一點好嗎？OK！那，十一點見，拜拜！」

找到轉換行業的線索

第二天早上我略遲了一下進office，康先生早已來了！寒暄過後，才知道他曾在中國人壽內勤任職十多年，之後前往美國深造，取得天普大學（Temple U.）企業管理保險博士學位後回國，即在逢甲大學保研所任職副教授至今。康教授身材不高，卻相當健談，提供了我好些資料及保險行銷、管理的觀念給我。

我們談到十二點半仍意猶未盡，剛巧同事周光鈺襄理及麥淑燕回來，大夥一起相邀到隔壁餐館吃午餐，大家學習的意願都很高，雖然只有壽司和味噌湯，在康教授博學多聞的指導中，有的振筆疾抄，有的豎耳傾聽，直到兩點半餐廳打烊，才不捨的散會，我們相約下次到台中時再去拜訪並向他請益。隨後目送康教授上計程車離去後，腦中仍流轉著他揮動著有力的手臂與熱情殷切的語氣，這樣一位熱情奉獻的長者，真是整個保險業之福啊！

康教授提供了一份有關增員的資料給我，將其與諸位分享，希望everybody共同學習。

1. 增員來源：

- 受失業威脅的人。
- 對工作收入不滿的人。
- 對工作條件不滿的人。

・尋找事業機會的人。

以上和我們前面提過的理念：「除非找到轉換行業的線索，否則無法增員；無所不滿，無法增員」相吻合。

2.增員的對象：

理論應該是先建立策略，哪一個市場有利潤，就去哪一個市場增員。建立增員的輪廓，幾歲到幾歲？學歷的限制呢？工作經驗的限制呢？篩選過後，告知這個行業的工作現況，彼此認知後方予錄取，免得到後來產生「何必當初」的遺憾，豈不兩敗俱傷！的確是如此。增員的對象包括（☆表示重點行業）：

①老師及教練（從小到大的老師及各行各業曾指導過你的教練）

②中小企業業主（汽車業、建築業、成衣業、中盤商、食品業、交通業、餐飲業、☆新聞業、房地產、洗衣業、印刷業、旅館業、藝術店、室內設計、☆運輸業、☆照相館）

③業務員——無形商品（股票營業員、債券業、☆廣告業、產險業）

④業務員——有形商品（食品業、機械業、運動器材、☆西藥業、☆汽車業、汽車零件、成衣業、菸草業、☆房地產、建築材料、油脂業、肥料業、☆旅行社、☆事務機器業）

⑤農業業務員、☆農藥商老闆

⑥拍賣員、古董店老闆

⑦公務員——
中央機構：郵局、法院、勞工部、商業部、農業部、國防部、財政部、教育部
省級機構：高速公路、省政府、警察、鐵路局、公路局
縣市機構：消防隊、機場、稅捐處、公園管理處、台灣證券交易所
⑧新退伍及新退休人員（各保險系應屆畢業生）
⑨銀行員工
⑩保戶（事業經營不順或有強烈自行創業動機者）
⑪專業體育人士（健身俱樂部教練）
⑫公共設施（電信局、電力公司、自來水公司、公共運輸業、瓦斯公司）
⑬生意上來往人士——
食：麵包店、餐廳老闆
衣：洗衣店
住：房東、建商、室內設計師、木斤、房地產、家具、家電、修理業、汽車業（汽車保養廠及sales）、百貨公司、其他購物消費
⑭政治人物

（謹以此文感謝康裕民教授的來訪及他的熱心與無私的指導）

第二十八章 兼具監督訓練的活動

無法留員，除了增員不當外，最重要的是監督和訓練不足。

增員除了個人的魅力很重要外，團隊的氣氛更不可或缺。有沒有一種活動，可以監督新人，又可以訓練老人（資深主管或業代），更同時可以激勵新朋友（由同仁引薦參加本活動）及所有人？如果單項單項來辦，一個禮拜要騰出很多時間，業務單位怕受不了。因此，必須想出一個辦法，一個活動來進行。

A.請大家都有參與感，最好輪番上台，做講師，大家有機會。

B.了解新人one week的活動。每人五分鐘。

C.襄理級（到職一年以上）做訓練，時間四十分鐘，順便訓練他講足四十分鐘的課，以免晉升區經理時無法表達。

D.經理要做激勵，激勵的話最簡單也最難，要撼動人心也要感人肺腑，言之有物又不失矯情，老、中、青統統要touch到心靈，是職責，更是本事。時間為二十五分鐘。

E.主任（到職半年至九個月），半生不熟，說他不懂會不服氣；講他懂又欠缺實務經驗。怎麼辦？又不能忽略他，給他五到十分鐘，整個活動的迴響給他們做，聽一遍講一遍，考驗他們的吸收、組合能力。（順便慢慢訓練他）

F.人不能太多，二十到四十人最恰當，人多不一定好辦事，人少未必辦不好事，人太多沒有溫馨的感覺，週會的大場面訴求氣勢，這樣的活動必須擺在週五夜，一個禮拜結束，大家回來聚聚，溫溫暖暖的，療傷兼學習，留員又增員，不亦休（美好）乎！

G.以區為單位。

抓對主旨、正中軌道

這樣子慢慢思考，把要的東西一個一個寫下來，把演出人員安排好，精細的計劃時間，監督要什麼教材（百分卡），訓練要什麼教材？（是有關人壽險還是其他），激勵要什麼資料？整個活動的音樂，由誰負責？氣氛如何營造？這點點滴滴，細微末節都要算計到，絕不能忽略任何一個環節。這樣，透過腦力激盪，整個活動的輪廓就浮現出來了！主旨抓對了，軌道不要偏，先做對的事，再把事做對。不是嗎？失敗不是計劃失敗，而是沒有計劃，讓我們上路吧！現在請您看清整個活動的流程：（參閱下頁二表）

■雄才偉略小組是七位襄理加一位區經理。

每兩個星期開一次會，決定參與人員及教材。或有何檢討事項，一併提出。

■方法：

1. 點心費籌措：經襄理級每月月費五百元，主任級兩百元，業代不用收錢。

2. 出席率如何控制：

經襄理級缺席（沒有任何理由），樂捐五百元，主任兩百元。為什麼？這是重點，注意！每一個活動的舉辦，你問大家要不要辦？每個人都說要，但我不一定來，自私嘛！有member才來，無則免之。如果都這樣，請問氣氛怎麼營造？所謂人氣人氣，有人才有氣，大家都不來，冷冷清清，兩三下就垮了，所以，你不來，下面的組織（主任或業代）請別人幫你照顧，那就繳托嬰費嘛！五百元，這樣大家都平衡。扶輪精神講是否一切屬於公平！請切記。每次來，看人家帶新人來，心裡自然不是滋味，刺激的結果，就會想辦法也去增員，這就是良性，善的循環！All right！

■教材：

1. 星期計劃檢討報告

A.百分卡（參閱第一百七十五頁）

B.生產週報表（參閱第一百七十二頁）

2.專題訓練

A.壽險推銷初級教材

B.《與成功有約》

3.激勵與講評

區經理自行編匯，以文書處理資料提供給大家，要言之有物且感性十足。茲舉數例如下：（參閱以下附件）

a. $S=(EE+CT+SP)DD^{b}$——強調人壽保險事業（參閱第八十八頁）

b. 麻雀變鳳凰——強調態度、目標、行動。

c. Winners & Losers——強調強者的哲學。

d. 如何成為頂尖高手——勉勵大家，奮勇向前，付出代價。

e. 強調「以愛為依歸」——以新聞事件結合周華健歌曲〈其實不想走〉來幫助組員體會失去摯愛的心境，並帶領大家一起唱，氣氛應是哀傷而勇敢的。

f. 伯樂與千里馬——闡述「馬」上成功的觀念。

g. 逆境不久，強者永存——以林肯為師，愈挫愈勇，直到成功。

h. 追求卓越，永不嫌遲——正確的習慣，成功者都願意去做失敗者不願做的事，且持之以恆。

i. 粉領貴族第一志願——解開女性從業人員的心結，助其建立專業形象。

整個活動的主持人是業務襄理

說明	時間	內容／負責人
• 新人可以一起來 • 三個業代，每人7min	6:40～7:00	星期計劃檢討報告 業務代表 （監督他的活動）
• 訓練襄理站台 40min，培育他成為講師	7:00～7:40	專題訓練 業務襄理 （擇定教材）
老、中、青一起激勵、處經理身負重任，莊嚴&詼諧笑聲中有淚痕	7:40～8:10	激勵與講評 處經理
• 兩個主任 初級培訓每人7min	8:10～8:25	迴響 業務主任
• 新朋友是第一次來；新人是已進來 • 快樂的學習氣氛 • 改變他的思想	8:25～8:40	新人的新朋友介紹 襄理
• 小茶點、音樂、邊喝邊吃邊聊 • 新朋友倍感溫馨	8:40～9:00	茶點（慶生會） 順便宵夜

• 大家主動和新朋友握手寒暄。
• 有帶新朋友者亦主動將其介紹給大家。

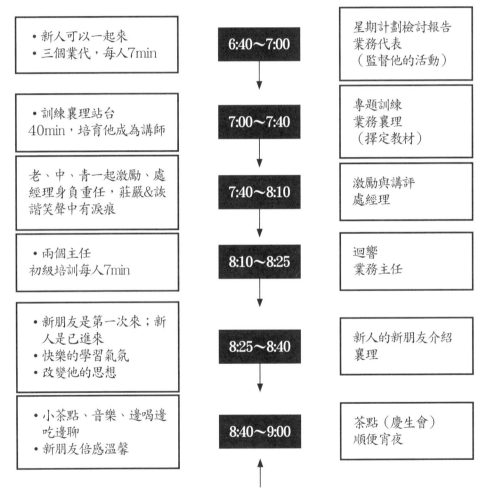

星期夕會流程表

6:40～7:00　星期計劃檢討報告　業務代表
7:00～7:40　專題訓練　業務襄理
7:40～8:10　激勵與講評　處經理
8:10～8:25　迴響　業務主任
8:25～8:40　新人介紹

參考書籍：

《英雄同路》

一、充電100（教育性＞娛樂性）

日期	講師	專題訓練	星期計劃報告人員	激勵	迴響
4月28日	賴源棧	第01－02章	應桂鳳，蕭燕玉，江淑鳳	傅秀玉	李田榮，游志隆
5月05日	傅秀玉	第03－04章	王華根，熊仲篪，藍啟瑞	林晉逸	裴文兆，蔡佰玲
5月12日	元家雄	第05－06章	張弘隆，趙惠萍，謝家齊	吳政勳	藍啟瑞，高雪英
5月19日	吳政勳	第07－08章	洪甘霖，羅美惠，李衡	賴源棧	許天發，李莊文
5月26日	李中南	第9章	應桂鳳，蕭燕玉，李莊文	郭尚文	李瑞清，莊素蘭
6月01日	郭尚文	第10章	李芬娟，許芬玲，藍啟瑞	李中南	呂英升，何鼎天
6月09日	林晉逸	第11章	王華根，熊仲篪，羅美惠	元家雄	吳東義，呂玲雲
6月16日	賴源棧	P.175－188	洪甘霖，徐博明，蘇淑秋	傅秀玉	熊仲篪，羅美惠
6月23日	傅秀玉	P.189－208	邱國漢，趙惠萍，江淑鳳	林晉逸	王華根，麥淑燕

二、充電100（娛樂性＞教育性）

3月3日　7：40慶生會　4月28．29日旅遊
地點：南山人壽永豐通訊處

麻雀變鳳凰

翻身祕訣——三A成功之道

ATTITUDE——態度

① 人生的成就並非決定你的遭遇如何，而是決定於你面對遭遇時的態度。當你以正面積極的心情去面對生命中的挫折，並學會了不要去抱怨，你會發現人生並不是如此難過。

② 具有正確的態度通常都與一個人的心思有關，這也就是說，你的思想必須積極而且是正面的。因此，想要成功的人，從現在開始就要養成不要使用失敗者語言的習慣，完全要說成功者的話，那就是「我能」、「我會」、「我行」、「沒問題」、「有可能」、「我一定會成功」。

AIM——目標

① 目前對於成功人物的重要性，早在西元一九五〇年就曾被試驗過。在當年美國耶魯大學的一群教授想要知道該校畢業生在社會上的成就，就選擇一個觀察樣本，經過二十年之後，調查這群人的成就。其結果發現只有百分之三的人成功，而那百分之三的人，早在畢業前即設立明顯的成功目標，並且記載下來。這個試驗證明了，找到你要的目標，並且把它寫下來是成功的基石。

② 第一，寫下你的目標並且列出達成的期限。
第二，把目標訂高一點。
第三，將目標細部分解，分成短、中、長期，甚至更細。

ACTION——行動

① 設定目標後的首要之務便是採取行動。在成功的路上，有太多人把時間精神放在「想」這個過程，而忽略了不僅要想，更要去力行，才可能達到想要的目標。騎單車橫跨歐、亞、非，遊歷世界大江南北的胡榮華被問到如此的成就是如何做到的？他只是聳著肩，很輕鬆地回答：「一腳一腳踩出來的。」是的，要成功你就必須走出第一步。

② 雖然行動是確保成功的不二法門，但無謂的行動卻不見得會成功。因此行動必須是「有建設性的行動」，也就是必須是對自己及他人有益的行為，而有建設性的行動，通常都能帶來成功和快樂。成功與快樂密不可分，成功的人應是指「朝著心之所願努力前進，快樂地生活」而言。

★ 美國幽默作家威爾．羅傑斯說：「如果你停滯不前，那麼就算你正處於正確的途徑上也沒有用。」

★ 俄國著名芭蕾舞家帕芙洛娃說過：「不停止地朝著一個目標，那就是成功的祕訣。」這也就是我們常強調的——知道目標，找出好的方法，起身去做。

Do it right, Do it once, Do it now.

WINNERS V.S LOSERS

The winner is always a part of the answer;
The loser is always a part of the problem;
The winner always has a program;
The loser always has an excuse;
The winner says "Let me do it for you"
The liser says"That's not my job"
The winner sees an answer for problems;
The loser sees a problem in every answer;
The winner sees a green near every yardsand trap;
The loser sees 2 or 3 sandtraps near every green;
The winner says "It may be difficult, but it's possible;"
The loser says "It may be possible, but it's too difficult."

BE A WINNER!

****

成為頂尖高手的祕訣

1. 強烈的企圖心，強烈的企圖心，強烈的企圖心！
2. 行動力（從早上八點一直拜訪客戶到半夜昏倒為止）
3. 就教高明（快速的累積別人的經驗）
4. 失敗為成功之母（失敗後檢討為成功之母，我一定要成功）
5. 扮豬吃老虎（中國式的英雄不在於吃老虎的威風，而在扮豬時忍受恥辱的耐力與能力，如韓信的胯下之辱）
6. 學習與改變（掌握持續、快速、主動三原則）
7. 咬住目標、提升目標（邱吉爾：絕對不放棄）
8. 毅力驚人：毋恃敵之不來，正恃吾「有」以待之。

一個人的學問不足以肩負成功，有學問而失敗的人比比皆是；
能力不足以肩負成功，有能力而鬱鬱寡歡的人比比皆是；
天才不足以肩負成功，天才而含恨以終的人我們看得太多了。

只有毅力才能肩負成功！

以愛為依歸

一家之主的死亡代表一個家庭三個角色的死亡

「一家之主的離去，並不僅代表兒女失去一個可以依靠的父親，妻子失去一個愛她的丈夫，更重要的是一個家庭失去收入；儘管很多人不願承認這點，儘管很多人以太太可以工作為由，拒絕買保險，但他們也許忘了，太太被迫去工作，跟選擇要不要去工作，其實有天壤之別；在太太別無選擇的餘地下，是不是兒女又等於失去一個可以看護他們生活起居的守護神？」

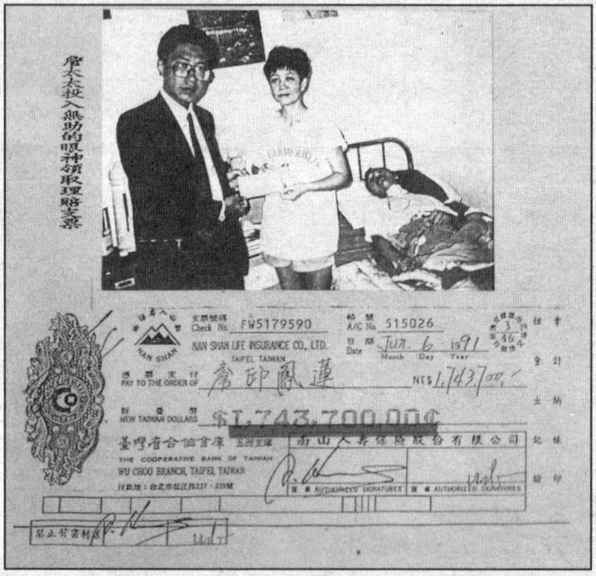

詹太太投入無助的眼神領取理賠支票

周華健〈其實不想走〉　詞／曲：劉志宏

妳總是說我在這樣孤單時候／才會想與妳聯絡
然而談的情說的愛不夠／說來就來／說走就走
怎麼會不懂／我怎麼會不知道／女人的心是脆弱
寂寞不是我／不能夠忍受／只是每一天／我想妳太多
其實不想走／其實我想留／留下來陪妳每個春夏秋冬
妳要相信我／再不用多久／我要妳和我今生一起度過

「伯樂」與「千里馬」
「事業與高薪」登場的新年代

點開求職網站，面對滿滿的職缺，
你，該何去何從？
什麼才是最熱門且高薪的職業？
在時代急速變遷的洪流裡，唯有發揮智慧與勇氣，
才能抓住機會，創造屬於自己的幸福。

- 成功的關鍵，在於騎上一匹好馬。
- 努力工作不一定成功，不努力工作一定不會成功，努力的騎上一匹好馬才會成功。
- 傳統的成功關鍵：相信自己、設定目標、積極性思考。
- 相信你自己，是否就是成功的關鍵呢？我們認為不是。我們相信，在人一生中，真正成功的關鍵，是在於相信別人。換言之，要找到一匹好馬來騎。
- 逆向思考：與其自認為是千里馬，倒不如把自己鍛鍊成一位優秀、卓越的騎師。不論在美國、台灣，甚至世界任何一個角落，遊戲規則都一樣：騎對馬的人，終必是贏家。
- 不過，你還是要盡力設法使自己更具信心。但是，不要過分勉強，用些比較容易的方法，使自己變得更成功，然後讓成功來培育和養成你的自信。

贏得競賽的騎師，通常都是騎最好的馬的那一位！

逆境不久，強者永存
（Tough times never 1ast, but tough people do.）

1831年	生意失敗
1832年	州議員競選失敗
1833年	第二次生意失敗
1836年	罹患神經衰弱
1838年	眾議員競選失敗
1840年	選舉委員競選失敗
1843年	眾議員競選失敗
1848年	眾議員競選失敗
1855年	參議員競選失敗
1856年	副總統競選失敗
1858年	參議員競選失敗
1860年	當選美國總統——亞伯拉罕·林肯！

☆ 唯有承受極大考驗的人才能獲得豐功偉業
☆ 投注勇氣毅力，必能功成名就
☆ 貝比·魯斯擊出過七百一十四支全壘打（三振次數一千三百三十次）
☆ 愛迪生發明蓄電池之前，有兩萬五千次失敗的紀錄
☆ 打破低潮的祕訣——加倍努力

你想要彩虹，就得容忍下雨
（No heavy rain, no beautiful rainbow.）

追求卓越，永不嫌遲

如果這是一份輕鬆的工作，我們可以找到很多人來做——但是，我們所支付的佣金就不是目前這種水準了。
因為這是一份艱辛的工作，能夠掌握它的人，自然可以在財務方面大有斬獲：

工作卓越——真誠、明智的努力絕不白費
A. 習慣的培養
B. 時間管理
C. 做記錄
D. 一個守住的祕密（百萬圓桌會員的祕訣）

思想卓越——A. 頂尖高手的成功因素（5%K　10%S　85%Attitude）
成功往往降臨在具有積極的自發精神的業務員身上。
B. 團隊貢獻
奉獻一己的力量，共建一所偉大的營業單位。

推銷卓越——A. 我們的推銷策略：IMPACT
當一位專業的「客戶爭取人」，而不是一名訪問員。
努力不懈的練習，直到自然而專業化的水準。
B. 有待熟習的技巧：開拓、會談、簽約、推薦。

研讀卓越——A. 餵飽心靈與身體的重要性不相上下。
B. 學習的過程永不間斷。
C. 基礎教育、訓練班、錄影帶、會議、自購的書籍。

生活卓越——A. 卓越並不是一種行為，而是一種習慣。
B. 安排時間休閒（跟家人相處與家庭活動）。
C. 請家人以長遠的眼光——來衡量壽險事業生涯。
D. 成就大半決定於配偶的支持與合作。
E. 專業的形象：儀容、服裝、態度。

許多具有才幹的人士之所以被屏除在成功的大門之外，就是因為他們不願意或者無力培養以上這些特質。
追求卓越，永不嫌遲，但要付出代價。

記住——這是你的事

女性從事保險，如何建立專業形象？

【前言】

★ 在眾多銷售業務中，女性保險從業人員的專業性，最容易受到他人的質疑。

★ 偏偏昔日的業者愛找「漂亮」的女性擔任第一線銷售人員，更易讓人投以異樣眼光。

★ 如果有些女性從業人員穿著過於新潮，甚至不經意的暴露，更讓人投以異樣眼光，甚至還會給對方「有機可乘」的暗示錯覺，徒增推銷的難度與自身的困擾。

【對策】

1. 外表姣好固然較占優勢，決勝點卻在親和力與專業形象。
2. 只要是銷售業務都有不便於女性之處，比如主動接觸客戶，遷就客戶要求會面的時間地點，還必須應付形形色色的顧客。
3. 有些男性可能利用錯誤的心態看待女性保險從業人員，認為她「有求於我」，就能有「機會」去侵犯。因此，一定要塑造專業形象並學會保護自己。
4. 建立專業形象是女性保險從業人員自我保護的首重要素。除了加強本身專業知識與服務外，言行舉止要得體嚴守分寸，尤其服務打扮是最直接的第一印象，最好是端莊的套裝。
5. 儘量在白天完成工作，晚上避免不必要的應酬。
6. 必須晚上約談，最好兩位女性同行，或找一名男性陪同。

【結論】

1. 只要堅持原則，以女性細心、懂人性及富愛心的特質，是非常適合從事保險業的。
2. 不論是剛出校門或轉業或二度就業的女性，都能在保險業中尋求自己的一片天空。
3. 轉業及二度就業的婦女更加看好：年輕女性雖然可塑性高、配和度強，形象清新、培養容易，但經驗、人脈、情緒處理都比年長女性來得弱。
4. 職業婦女最大的困難來自如何兼顧家庭與事業，保險業的彈性時間，可以滿足婦女們的需求，所以，走出廚房的主婦們千萬不要妄自菲薄。
5. 保險業有較高的收入及彈性自由時間，相對的也必須面臨較大的工作挑戰。
6. 必須具備自我認知：強烈的企圖心，不斷學習及專業訓練；不能害怕拒絕與挫折，言行舉止要誠心端莊，最重要的是必須獲得家人的支持，家庭圓滿才能無後顧之憂。

粉領貴族的第一志願

第二十九章
建立雄才偉略小組

給我十個人，
推心置腹、肝膽相照，
我讓新加坡成為明日的強國。
——李光耀

在我的通訊處裡有兩個雄才偉略小組，一個是由所有區經理（八位）組成，謂之大雄才偉略組，另一個為裕盛區裡一區七個襄理組成，謂之小雄才偉略組。為什麼要有這樣的組織？理由如下：

同心協力，締造佳績

1.大組策劃整個通訊處的活動，大至年終尾牙，策劃會報，小至週會、早會的安排皆由此team完成規劃。

小組籌劃區的活動，比如前面的區夕會就是。

2.以和諧的精神，集多數人的才智來達成共同的目標。即所謂同心協力，同舟共濟共赴目標。它不只可讓我們從別人的經驗、專長中受益良多，更可借別人的才能以為己用，共創團隊之福祉。大雄才組將營業處推向高峰；小偉略組則幫助每一個成員（襄理）能晉升為區經理。

如果你和同事之間有合夥的觀念和心態，則雄才偉略組可以讓我們互蒙其利，產生源源不斷的力量，讓小組的成員每個人都可以功成名就。

怎麼樣籌劃你的雄才偉略小組呢？

第一步，先訂出一個明確可行的目標，來作為每一個同盟者相互砥礪的方向。如此，再慎選成員，務必要志同道合，因此，如果增員是尋找夥伴，焉能不慎選乎？也因此，成員並不是人多就好辦事，而必須以親密戰友，或協助我們能達於所欲之彼岸的同盟者為限。

第二步，分析我們的意圖及目標，並拆解每一個成功的步驟。確定分工同盟者的工作，配合他們各自的專長，上台有上台的功勞，台下有台下的貢獻，每個人各司其職，環環相扣，心理平衡方能發揮潛能成大事。當然，每個成員會得到什麼樣的好處，亦必須明確告知（比如說增加member），大家才會矢志盡力，拚命向前。合則同蒙其利是也。

第三步，開會的時間地點必須明確，開會的要領為：通知、計劃，激勵。必須在成員間建立互信與親密的關係，如此開會時才會侃侃而談，推心置腹，達到這個境界，則點子會源源不斷的流出，臻至完美為止。換言之，這時候彼此之間已無任何祕密、隔閡與猜忌。（充滿猜忌之心的會議，不開也罷，充滿隔閡的團隊，趁早解散。）

而成員之間必須經常保持聯繫，疏於聯繫的團體終會潰散，彼此的作息表及各種聯絡電話彼此均應熟悉，以便在最短的時間處理任何狀況。雄才偉略組必須有「disagree but commit」（不同意但仍全力以赴）的精神，也就是在會議中意見雖然不同，但會後就真心全力支持結論。這是全世界最大的半導體公司英特爾的團隊決策精神。

結論：好好運用雄才偉略小組的力量，它可以讓你組織團隊，發揮前所未有驚人的力量。維持盟友間緊密的和諧，集合數人的才智，去「拚」一個不凡的成功。最後的注意事項是：人多不一定好辦事，人少未必做不了什麼事；成員的多寡視乎目標的大小，寧缺勿濫，從小看大，任何光明絢爛的成就通常都起始於平凡的起點，善戰者必善其謀，而這個雄才偉略的良謀，就是我們平凡的起點，呈獻給您，好好運用它吧！讓我們的組織起飛，夢想起飛。

除非你要改變，否則沒有人可以改變你

曾經看到報上報導：

高雄市壽山動物園有一隻孟加拉虎走路有「甩頭」的習慣。雖然籠舍很大，可是牠只是在一個角落來回走動，走到一半會突然甩頭走回頭，不斷重複，讓人好生奇怪。據園方表示，這可能與牠自小飼養的籠子較小有關，雖然現在籠子改大了，牠仍然無法適應，改不了舊習慣。

園方表示，這頭孟加拉虎名叫「冬冬」，是一隻兩歲的公虎，在動物園出生，以前關在小籠舍，等牠慢慢長大，快兩公尺高時，走數步便會碰壁，只好不停來回走動，園方雖然不忍，但園舍有限，也無可奈何。數個月後，冬冬換到另一個較大籠舍，沒想到牠還是窩在角落來回走著，好像渾然不知籠舍已放大了！

獸醫曾再舉例有一隻大象自小以一根細繩拴養，長大後以大象的力量可以輕易掙脫，但因其自小的觀念無法改變，園方人員仍可用細繩套住大象。

看了這則報導，不曉得大夥有什麼想法，冬冬也好，大象也好，習慣成了牠們生命與與身體的主宰，再也無法改變，除非有個狀況，刺激牠們擺脫以往印象，否則一輩子受困在「角落」與「細繩」。

人何嘗不是這個樣子！

成功是如此的容易卻也如此困難！

成功是如此的接近卻也如此遙遠！

我們太習慣於舊有的生活、舊有的職業、舊有的收入，安於現狀而無法自拔——真的！

除非你要改變，否則沒有人能幫助你，也難怪卡內基的終身講師在教了三十年後會喟嘆：「人是不會改變的」！惟其如此，成功總是那麼少數人，惟其如此，20／80定律總是那麼精確！惟其如此，唐吉訶德精神永不再世：

To reach unreachable star; to touch untouchable dream.

奮起吧！朋友，就從今天起。

Chapter5

推銷的成功策略

我們更留意世界上偉大的人壽保險推銷員，
他們一樣都具備嚴謹與良好的工作習慣，
才能在競爭激烈的市場上，
一再地脫穎而出，
拔得頭籌，
從而建立聲譽卓著的偉業。

第三十章
奠基於磐石之上

建立好習慣難，
養成壞習慣容易，
也難怪，成功的人不是少數，是極少數！

這本書的第二部分，我讓大家集中火力談推銷的兩大難題：開發準客戶與一套成功的銷售方式。

我們知道，新人做不好，業績出不來，除了心態的問題外，通常他會怪罪在(1)產品知識不夠，以及(2)推銷技巧不成熟。可能，也許這兩個也是原因，但不是主要的問題，關鍵點應該是：

1. 沒有建立良好的工作習慣。
2. 沒有一套有效的開發客戶的方法。
3. 沒有一套有效的推銷公式（銷售循環）。
4. 沒有一套有效的締結話術。
5. 沒有一套有效延伸客戶之方法。

我們先談良好的工作習慣。

- 心理學家告訴我們，凡人皆受習慣所控制。
- 我們也都知道有關習慣的偉大定律：「養成容易，脫離難。」
- 英國桂冠詩人德萊頓也說：「我們先養成習慣，然後是習慣在塑造我們。」

的確，習慣像是一位敲你家大門的陌生人，剛開始，你開門請它進來，它只是在客廳坐著，和你有著距離，然後進入起居室，慢慢和你搞得很熟，最後，進入臥室，主客易位，成為你家的新主人，你開始得凡事聽它使喚，心不甘情不願卻也無可奈何！如果你請進門的是壞習慣，你可以想像那種慘況！反之，如果是好的習慣這位益友，那麼，隨著它的塑造，邁向成功已是指日可待。只是，養成壞習慣容易，建立好習慣難，也難怪，成功的人總是那麼少數。讓我們睜大眼，好好看清楚，站在你家大門口的是誰!?

班・費德文的「專心」

我們留意到，世界上偉大的奧運金牌選手，無論是游泳、體操、射擊，甚至職業網球、棒球、籃球選手，都是從很小的時候開始訓練，開始接受嚴格的指導和監督，甚至絕大部分的優勝者年紀都相當輕——游泳和體操——不及二十歲的年紀。這麼年輕的選手就有傑出的表現，那是他們一開始就學習好的習慣：練習、飲食、睡眠、再練習，在起步之初就全盤接受了教練的要求後而「陷入」良好的習慣，一旦如此，將很難「脫離」如此慣性的習慣，成為邁向成功的軌跡，一逕奔向得獎的目標。

我們更留意到世界上偉大的人壽保險推銷員，他們一樣都具備嚴謹與良好的工作習慣，才能在競爭激烈的市場上，一再的脫穎而出，拔得頭籌，從而建立聲譽卓著的偉業。

班・費德文是世界上最偉大的推銷員之一。他的主管在他一九四二年初入行時給他簡單的軌跡「每週三宗，簡單從事」。為了每週三宗，多年來他這樣工作著：每日從早上八時開始，十二小時後，甚至十六小時才結束。然後他開始閱讀兩小時，每週六天都一樣。星期日他特別容許自己在上午十時才開始工作，但經常工作至下午三時。「沒有不勞而獲的辦法，如果你想不勞而獲，你是開自己玩笑。」我們再往下看：

「我總共聘用了六個人。早上八點，我已在辦公室。八點半至九點，助理、祕書們陸續進來。我交代他們每人的工作，到了十點半，我已經上場了。」他的車子設有無線電話，可以全日和辦公室通話。下午六點半回到辦公室，逗留三十到九十分鐘，回家時已是八點到九點。「這就是我成功的祕訣：一條向前邁進的軌跡和永不妥協的工作習慣。」

順便值得一提的是，班・費德文也提到「專心」習慣的重要性，專心會使你隨時注意新的準客戶，並摸清楚他們的底細。「用三隻耳朵來傾聽。第一隻專門聆聽準客戶說些什麼，第二隻專門傾聽他們不說些什麼，而第三隻則細聽準客戶所想要、卻不知該怎麼說的東西。」要想達成卓越的推銷成果，專心的習慣必要養成，且終身受用。

班・費德文是西方人，那，東方人有沒有傑出的保險業務員？有，日本的保險怪傑——原一平。原一平一九○四年生，一九三○年進入明治生命（保險公司）（跟我進入南山同年齡），經過將近二十年的努力，從一九四八年起，連續十七年勇奪世界人壽保險業績冠軍。例如，一九六二年度FYP的金額高達十七億四千三百萬日圓，原一平獻身保險業五十年之久，在一九八四年以七十九高齡去世，被譽為日本推銷員之神，曾獲日本天皇頒贈「優秀國民賞」。與他結縭達四十七年的妻子原久惠曾形容他成功的祕訣為：「他之所以有優異的成績，主要是他本人盡了最大的努力。譬如，半夜三更他還在鏡子前照著自己的臉，研究自己的笑容，以及鑽研面相學。其次，在他的座車裡一定備放三套襯衫和長褲，然後規定自己在上班時間內巡航拜訪十五位客戶，不管到晚上多晚都要達成任務。內心裡燃燒的那團火造成了嚴酷的工作習慣，卻也把他推向成就的頂端……」

永不服輸的個性加上無比旺盛的企圖心，塑造了不怕任何苦難挫折的工作（拜訪）習慣，然後，習慣就會像火箭的推進器般，自然的帶動我們在成功的軌跡上不斷邁進運行著。

由以上兩個例子我們可以證實，良好的工作習慣是成功的基石，有了牢固的它，成功的大樓才可以扎實的向天空挑戰！

業務員應養成哪些良好的習慣呢？（如左附表）

1.樂於推銷與參與活動的習慣

由上圖可以了解到早會和夕會是新進人員的兩大活動。早會確實掌握新人的活動率，保險公司若採無底薪制，很多業務員會以為反正來公司也領不到錢，倒不如直接去客戶那裡算了。殊不知這是極其危險的想法，業務員三天不進辦公室，離陣亡已經很接近了。早會事實上是一切成功之母，早會辦得好，其他一切活動都可以不辦；早會不辦，難成氣候矣。早會是戰鬥機出航的前夕，曙光從海面上灑照下來，映在每一個青春生氣蓬勃的臉龐，這時候最需要的是讓他們充滿信心的出征。夕會則是一天活動的總結，主管必須在營業處的甲板上等候你的戰鬥機歸航，不管他們傷得多重，搖晃著機身而下，你都得在他們最脆弱的時候給他們療傷和打氣。試想，如果agent回來了，滿腹辛酸和挫折，

業務員該養成的良好習慣

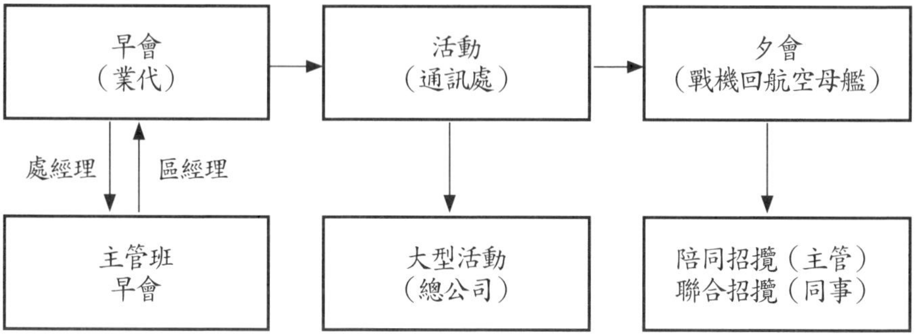

主管居然不在，那種失望情何以堪，如果自己直接飛回家了，結果災情慘重，內傷無法自癒，一個晚上也許就陣亡了！要求吧！一定要你辛苦增員來的agent養成早晚進辦公室的習慣，否則，情況可能在一夕之間逆轉，member都已經陣亡了，而自己還在甲板上枯候。

辦活動的宗旨在於：總公司有的，通訊處不辦，「區」只辦「處」沒有的。如此循環，切忌重疊，為效率而辦；而不是為有活動而辦活動。新人應該積極參與各項活動；進修的、聯誼的、專業領域的、附加價值的，在最短的期間內倒乾、擰乾、烘乾自己然後像海綿般吸收。「簡單的事，重複的做。」「不離開主管、不離開營業處、不離開市場。」是我們這時候最需要的座右銘！

2.樂於接受新知與改變自己的習慣

接受新知來自看書、聽演講、看影音資料。兩種人不喜歡聽演講，一種是非常自滿的人，認為自己已經什麼都會，不需再學習了；另一種是已經放棄的人，認為學什麼都沒有用了。喜歡聽演講的人常保希望、進取之心，是最樂觀謙虛的人。「學習的過程永不間斷」，一個「不願意」閱讀，「不願意」從影音資訊、演講會吸收新知的業務員，簡直跟文盲一樣可悲。我們要深刻的認知，從今天開始的數年之後，除非我們願意經由閱讀、聆聽錄音、參與演講會所帶來的知識去領悟而願意去改變自己，否則我們永遠也不會改變和進步，而一個停滯不前的人，將會是多麼的可悲啊？現在的資訊一日千里，稍不小心就趕不上時代，所以要有很敏銳的洞察力去觀察去學習。學習吸收消化之後，要懂得以「萬變應萬變」，老子曰：「上善若水。」水是最好的美德，水之下流，喻人之謙虛；水之滲透，喻人之積極；水之無形，喻人之豁達，亦喻銷售者之萬變，君子不器，如此才能適應各式各樣的狀況與變局。願意改變自己，承認缺點及錯誤，富於彈性，才是新時代的推銷戰將。

3.樂於運動及正當的生活習慣

我們看那些職業隊的運動員，哪一個不是私生活嚴謹、起居正常。很多銷售業的朋友搞不清楚自己是做專業還是做part-time，心態上以為免本錢無底薪就可漫不經心的做，遲早被淘汰，我們的老闆就是我們的客戶，如果他知道每天早上你都不來辦公室上班（開早會），我看三天他就把你炒魷魚了（失效），怎可讓你逍遙至此。因此心態上要抱著每一雙客戶的眼睛都在盯你，工作習慣建立好，業績自然產生，也就有收入（薪水）了。

不來office開早會，心態愈不健康，更不會規劃時間去看客戶，人低潮業績也低潮，到後來真的領不到薪水了！

為什麼？你沒在上班嘛!? 這個道理大家懂了沒？我們是職業隊的，不要忘了！班．費德文和原一平都有頑強的體力去工作，每天十幾個小時，晚上回家以後還得看一到兩小時的書，原一平半夜還起來照鏡子練笑容!? 幹嘛！人家身體是鐵打的，不用睡啊？一定是有原因的！怎麼鍛鍊身體沒告訴你啦！以我個人的例子來說，七十年退伍到八十年，有十年的時間我沒運動。八十年的時候，漸漸感覺體力日漸衰退，開始意識到運動的重要性。後來被客戶強迫拖去游泳，游著游著也游了三年，游泳真的很辛苦，夏天還好，冬天真得有番勇氣才行。那時候我告訴自己：「如果我連持續去游泳這件事都做不好，我什麼事能做得成？反之，如果我能持續的去游泳，那天下事還有什麼難得倒我？」每想起此，蹣跚的步伐就迅速了起來。然後八十四年七月我加入Exchange（虹頂俱樂部），每天開始去健身房，用跑步機來鍛鍊，我渴望恢復二十九腰的身材，詹姆斯．狄恩穿著牛仔褲，T恤塞裡面的神態多迷人啊？我痛恨腰圍突起。就這樣下定決心，每天去吧，剛好Exchage辦了一個兩個月的減重比賽，我好玩報了名，一個星期至少去四天，每次四十分鐘，前五分鐘為熱身，中間三十分鐘為maincourse，最後五分鐘為伸展（免得運動傷害），跑步機有不同的level，我用的是level3，坡度到5。有時候到中、南部去演講，回來台北下了飛機，第一件事就是叫司機直接載我去俱樂部，狠狠的咬住每週四次，成功的人下了決心就永不回頭（我不是說我很成功啦！），兩個月下來減了六公斤，體脂肪指數從十四點七降到十一點三，腰圍縮到三十腰，褲子都得拿去改。當然改得很樂！

游泳游了那麼多年，體重沒明顯下降（運動量不夠），健身房卻讓我達到目標。快樂的事還在後面，教練告訴我居然還是男子組第一名，賞了一副名牌太陽眼鏡和T恤，笑得我合不攏嘴。運動占去了時間，業績是不是衰退了？相反的，精神更好，談case時更專注，客戶喜歡神采奕奕的業務員，晚上回家還可以開夜車寫完這本書，你看，多正點啊！頑強的體力是事業致勝的本錢，頑強的體力來自付出代價，流汗的咬牙運動，不是憑空得來的，夥伴們，進健身房吧？ASAP（趁早）！

結論：

- **卓越並不是一種行為，而是一種習慣**。
- **人是習慣的動物**。
- **習慣有時候像忠實的僕人，有時候像凶惡的敵人——黑幼龍**。

Anyway，壽險推銷工作是艱難的，阻力多亦必然，除非我們有良好之自我管理、自我驅策的習慣來推展工作，否則無法在激烈的險灘中，輕舟飛渡萬重山；反之，一旦建立了良好的工作習慣，那就等於我們已在壽險事業這個基礎底下，建立了一塊無畏狂風、驟雨、洪水侵襲的巖石，地基固若磐石，終會蓋出雄偉壯麗的建築，不要忘了，我們的事業，一定要「奠基於磐石上」。

當你的才華還撐不起你的野心時，那就應該靜下心來學習；當你的行為還建不起你的習慣時，那就應該狠下心來自律；當你的能力還到不了你的目標時，那就應該沉下心來歷練。

學習避免傲慢，自律戒除誘惑，歷練遠離浮誇。再加上無懈可擊的拚勁，又有什麼困境難得了你？又有什麼夢想不能實現!?

只有拚出來的美麗，沒有等出來的輝煌！機會，永遠是留給最渴望最具有行動力的人！

第三十一章 開發準客戶

開發準客戶的工作，必須做到像呼吸一樣，隨時備戰，眼觀四面，耳聽八方，才能在這個行業生存下去。

開發準客戶占了賺取佣金的百分之九十，推銷技巧只占佣金收入的百分之十。

開發準客戶，關鍵在拜訪

開發準客戶是外勤活動的關鍵。業務員所見的人愈多，談論人壽保險的機會愈多，他們就愈接近成功。必須讓他們確信這個亙古不變的事實。

開發準客戶是所有新手及超級業務員共同的難題。除非找到更多合格的準客戶，否則無法締造高額的業績。

開發準客戶的工作，必須做到像呼吸一樣，隨時備戰，眼觀四面，耳聽八方，才能在這個行業生存下去。

除非業務員精通準客戶的開發工作，否則別說傑出，連生存都有困難。費德文推銷術曾明白揭露了推銷的關鍵在拜訪，拜訪的關鍵在面談，面談的關鍵在有力的詞句。這一費氏定律闡述了業務員追根究柢的三樣工作：

1.永不懈怠地挖掘大量而合格的準客戶。

2.安排跟這些準客戶見面會談，不論以何種方式出現在準客戶面前。

3.講適當的話促成簽約。

所以業務員的工作可區分為：

1.見大量的準客戶以利篩選。

2.見適當的準客戶以利攻堅。

3.講適當的話以利colse。

一、開發準客戶，必要養成的習慣

1.多結識人換取名片：

我們都知道性格決定一個人成就的大小。我們也都必須知道，大部分的人喜歡被認識。前面一句話指出一個要點：人壽保險推銷員對陌生人不能有陌生感，名片傳單化，不管在任何場合，有機會，雙手就必須出擊，伸出手去和人握手（選季到，不是握一次手換得一張選票嗎？），換取名片。後一句話鼓勵我們盡情去和人認識，主動親切問候，而不會遭致白眼。有太多成功的例子說明，在不經意的場合認識的人（電梯間、同棟大樓樓下、紅燈前的摩托車……）後來皆發展成為客戶，不論情誼或生意，皆能穿越時空而歷久彌新。

2.記錄資訊：

要為每一張換來的名片生命化、鮮活化，有關這個人的資料（容貌、在什麼場合認識、認識的日期、有沒有介紹，年齡、家庭、收入……愈詳細愈好，記住，記憶力是最不可靠的）。如果對方沒有名片，你必須在準客戶記錄簿(A)上記載下來，名字電話號碼、聯絡地址缺一不可，否則將來難免發生鳳飛飛「未曾留下地址的遺憾」！我們單位有一位襄理，柯正義，鹿港隻身北上，他的準客戶簿最是驚人，客源全是陌生式拜訪而得，密密麻麻的寫滿一本又一本。其實看到這樣的記錄，我們不禁想起：凡走過的，必留下足跡；凡含淚播種者，必歡笑收割，成功絕非倖致。

3.找出「真正」的準客戶：

從名片、記錄簿當中我們必須過濾出合格的準客戶，這裡講合格，必須符合四個A：

①Approach——易於接近。

②Authority——有決定權。

③Ability——有購買能力。

④Acceptable——保險公司接納——通過核保。

除非評估有這四個A，否則不輕易大軍壓境，免得弄到後來「何必當初」。新人常犯有躁進的毛病，什麼人都當作「好咖」，拿到一張名片就興奮不已，又是打建議書又是要求主管陪同，聲勢大得很。結果弄到後來，又是沒錢啦！老婆反對啦！體檢不合格啦！真是人仰馬翻，不但主管為之氣結，本人也身心皆受重創，早知如此，何必當初呢？好好記住這四個A。

4.放棄「瓷蛋」：

China egg＝孵不出雞的蛋，沒有生命。

放棄，讓我們重生。

放棄，讓我們有時間精力去經營那些有望的客戶。不要固執癡情；我一定要close他！還沒有close人家，你先被人家「砍糾」了！記住，不要被人家耍得團團轉，又是下禮拜來，什麼要買一定跟你買，出國回來再談，讓你日復一日，一個月又一個月的空等待，（包括簽了要保書，收錢遙遙無期，我們不是建議書說明員，不是要保書簽名員，不是聊天取樂員，我們是單純的收費員，收錢才是師父啦！多情總被無情騙，沒聽過嗎？）明知希望不大，又不甘心就此打住，希望奇蹟出現，總有一天等到你。奉勸你收拾心情，別再浪費時間在這一群「瓷蛋」身上，與其救一匹死馬，不如換一匹活馬吧！

二、開發準客戶的方法（本事）

1.要求客戶介紹：

客戶跟不跟你買保險，你都要從他那裡開發出新的名單，若最終跟你買保險了，那最好，客戶介紹準客戶，力量很大。若不跟你買，也沒關係，反正又從他那裡發展出好幾個待訪的準客戶，可以說這個砸掉了不可惜，我們還有路可走。所以，撞球檯上的高手，往往不以現在打的球能進袋為滿足，而是已預備好下一球怎麼打。這種精神是我們絕對要培養的，在推銷的過程裡，趨向於close固然重要，在過程中要求介紹或自行開發出新的準客戶名單才是一個絕世高手不可須臾或忘的。成交了當然開心，不成交而得到可拜訪的名單也不可悲，可悲的是沒有成交又白白損失一個「存貨」然後無處可去！由左頁附表中可以看出：

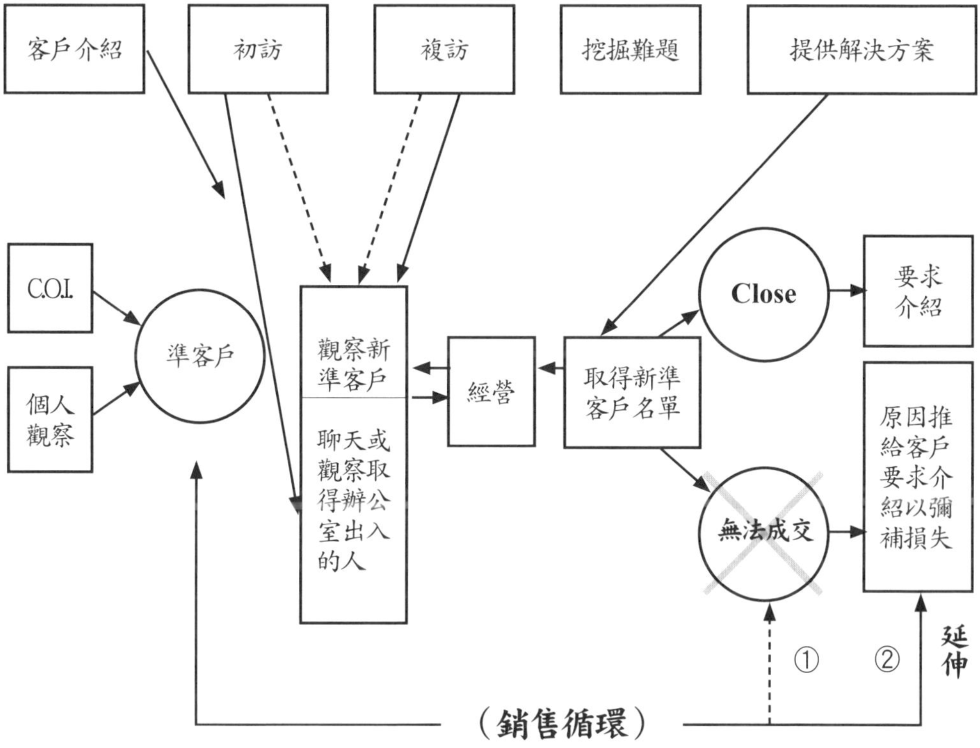

註：二流的推銷員止於①
一流的推銷員止於②

一流的高手在銷售循環的任何步驟皆不忘記取得「新的準客戶名單」，記得，準客戶名單是我們在這一行生存下去的命脈，隨時得補充新血，誰得良質準客戶多，誰就能占盡優勢。美國有一位人壽保險大王「卡爾·巴哈」（《百萬美元一創見》的作者），每次在close一個客戶後，總是愁眉不展，客戶感到很好奇，不是已經做成生意了嗎？怎麼臉色這麼難看？巴哈說：

「您有所不知，本來您是我準客戶名單裡的庫存，現在成交了，我的庫存也少了一個，怎快樂得起來？根據統計，每十個準客戶名單我會成交一個，所以能不能請你幫我介紹十個客戶？」

哇塞！厲不厲害!?所以，下次成交時，別忙著高興，那只有三十秒，快樂只有三十秒，下秒鐘，你將會為何去何從而苦惱，所以啦，讓我們一齊向巴哈看齊，趕緊擠出愁眉，娓娓道來，直到取得新的拜訪對象，才能完成銷售循環。

事實上，在整個銷售循環裡，有很多的機會可以找出新的準客戶：

①初訪面談：

(A)他理你，那可有得聊，展開「輪盤話術」，聊他有興趣的事，他的運動，有沒有「球友」？他的家人，有沒有「兄弟姊妹」，各在何方？他的事業，有沒有「合夥人」，「股東」，生意的「上下游」，他的社交圈，有沒有「結拜」，四健會的「夥伴」？

(B)不理你，不要忘了「既來之，則抄之」。

②複訪面談：

觀察準客戶辦公室或住家出入的人，不一定要和他們換名片，免得身分曝光，妨害你此case的經營；但可記下姓名、特徵，等這些人告辭或離開後，再向原主人打聽：

「這位李先生看起來很客氣，是你們的廠商啊!?」套出公司名及往來關係。

「剛剛那位陳老闆跟你們很熱絡，交情匪淺喔！」套出和原客戶之交情關係。

「他住哪裡？」天啊，帝寶！

「他在哪裡高就啊？看起來公司好像很賺錢的樣子，開什麼車？」套出公司電話或者收入如何。

「剛剛電話裡那位，好像跟你滿熟的，是您的換帖的？」連電話中的人都不可輕易放過。

「停車場停在你那部Benz旁的BMW730i是誰的車，白色的，好像很拉風哦！」眼觀四方，當然，名車的主人一定不能放過。客戶不一定主動幫你介紹，或者一下子腦袋空白，不曉得要介紹誰給你，不妨採取這種「旁敲側擊」、「提供資料衍生法」，也許會有意想不到的好處呢!?

③colse或lose。

(A)成交了，客戶跟你買保險時，是最興奮的時候。

「主顧先生，能不能告訴我，為什麼跟我買這張保單？」這樣問有兩個好處：肯定你的優點，及再次整理客戶的購買理由，免得「半夜吃西瓜——反症」。

「是這樣子……」

「既然你這麼看得起我，不曉得能不能提供幾個好朋友讓我去跑跑，我知道您提拔後進，不遺餘力，同時，以我的專業和形象，應該不會丟您的臉才對!?」讓客戶覺得介紹你去顏面有光，同時讓他的朋友們享受到同樣的服務，再者，也提拔你向前邁進。

(B)卡爾．巴哈「愁眉苦臉」法。

(C)不成交。總不能白跑一大圈吧！若真不成交，還有三個話術：

①「主顧先生，我很想在這個行業成功，不曉得我有什麼缺點，請你指正我，讓我下次不要犯同樣的錯——」也許你這麼一講，case就有了轉機。

②「主顧先生，在什麼樣的情況下，您願意擁有這張保單？」取代「您為什麼不買這張保單？」前者導向購買。

③「主顧先生，既然這樣，您的問題短期內不能解決，您看，是不是有其他的朋友需要我提供服務？能不能介紹其他的朋友讓我去試試，成與不成，我都會非常感激你的？」原因丟給他，讓他覺得內疚而幫你介紹。如果他介紹的客戶成交了，不要忘了回來謝謝同時使一記，你忘了嗎？「回馬槍」！哈哈！

培養業務來源中心

2.培養業務來源中心（影響力中心）：

①協昌銀樓的胡太太，幫我介紹了整棟皇宮大廈的客戶。沒想到當初覺得最

沒指望的客戶反而成了支持我最力的C.O.I.。當時的客戶如下：

黃瑞鳳——FYP　十萬元
黃銀來——FYP　六萬元
魯寶珠——FYP　八萬元
廖麗梅——FYP　十二萬元
莊雪芳——FYP　八萬元
莊雪蓮——FYP　六萬元
胡淑伶——FYP　七萬元
胡金川——FYP　五萬元

後來，這一圈皇宮大廈的公主們都零散了，黃瑞鳳搬回桃園，寶珠到新店，麗梅遠在新竹，過年時國賓飯店的聚餐只成追憶，當然，不時電話那頭傳來熟悉的問候，總能把遠颺的記憶抓回現時的時空。相隔雖然遙遠，話筒一傳來她們的聲音，我都會即時叫出她們的名字，分享她們現實生活的苦與樂，即使已聚少離多，我永遠是她們最可靠的守護神。

②兩件襯衫的奇蹟（如下頁附表）

吃果子，拜樹頭

七十三年底去逛福華飯店，到地下一樓剛好有一家西裝店——豪伯登西服，我逕自走了進去（開發客戶的第三個本事為陌生式拜訪——「我只是走進

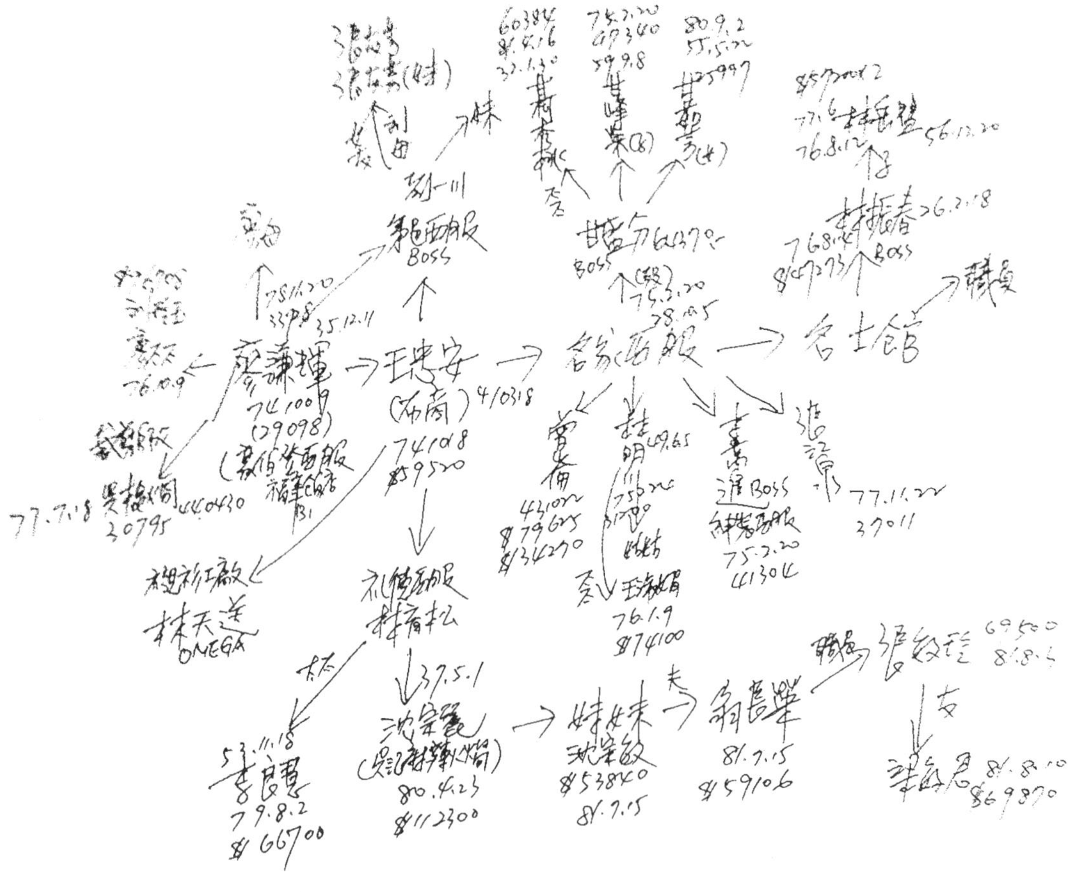

兩件襯衫的奇蹟

去」），老闆理了個平頭，中等身材，店面中間擺了一張長形桌，堆滿了布料，他一邊用剪刀裁著一塊西裝料，一邊用眼神打量著我：

「少年仔，來坐，要做衫喔？」

一口生硬的台語，看起來卻也相當客氣和老實，和他聊了一下，知道廖老闆還沒買保險，順手翻了襯衫料，心裡盤算著應該可以攻攻看。

「頭家，這襯衫怎麼做？」

「算你六百元一件，別人要七百。」

「那就做兩件好了，給你捧場。」

人家跟我們買保險說是給我捧場，我現在也可以說「給你捧場」，原來講這個話感覺很舒服，難怪所有的買家都常掛在嘴上。廖老闆（後來我管他叫老廖）、他媽媽、他太太、店員劉一川，師傅吳根烱統統買了我的保險，以及後來在他店裡出現的襯衫布料供應商王忠安，也幫我介紹了一缸子的西裝店，真是不可思議。老廖每次碰到我（我去他店裡敘舊收保費），總會嘀咕著「我早就知道你做那兩件襯衫沒安好心，抹知不做這個生意，看，換來這一堆的保單！」

感謝我自己的勇氣——我只是走進去！

感謝那兩件襯衫——一直還在衣櫃裡捨不得丟棄。

感謝老廖的提拔後進；感謝王忠安的熱心介紹（成了我的C.O.I.）；感謝名家西服的上上下下（懷念名家西服老闆甘盛分先生）；感謝名士館西服的上上下

下；感謝禮德西服的上上下下；感謝紳裝西服的上上下下；感謝BOSS西服的上上下下；感謝吳記麻辣火鍋的上上下下。

還記得王忠安黑黑壯壯的，那時候才四十來歲，有一次我去豪伯登時撞見他，他不講話的站在角落，穿著短袖襯衫（長年），也是平頭，不過比老廖略長，老廖介紹他時我並不怎麼在意，後來他一走，才知道他是台北市赫赫有名的襯衫布料供應商，很多西裝店都用他的布料。得知此一訊息，才知道代誌大條，怎可輕易放走大白鯊。挑了個月黑風高的夜晚，直奔王府，費盡九牛二虎之力，從晚上八點到晚上十一點，總算賣他一張SAEP五十萬，保費六萬，後來經由他的介紹，整個西裝店的網絡，總保費超過三百萬元，真是我的貴人啊！王忠安，大恩不言謝！當然，老廖你也是，功勞簿上怎會少了你，吃果子拜樹頭嘛！不是嗎？

生命無常，投保及早

王忠安帶我去名家西服時，正是名家西服的全盛時期，那一天，店裡擠滿了人，很難想像那個地點（南京西路靠圓環邊）有那麼好的生意。當時的老闆甘盛分，店長林明川，裁剪李坤泉（後來出去創業開了紳裝西服），構成鐵三角。甘老闆高高頎長的身子，一套深藍色西裝加上油亮的西裝頭和黑皮鞋，臉上永遠掛著和善而自信的微笑，十足的生意人卻又沒有匠氣，應該說滿有讀書人的斯文氣質，儘管多年後甘先生過世（五十四歲英年早逝，腦瘤），甘太太想起她的老公，總是一句：我那個老公多漂丿啊！眼角閃動的淚光可以看出她是多麼地不捨（甘先生地下有知，也可瞑目）。走筆至此，我眼眶也是一熱，我們是多麼的想念您啊！甘先生……

七十五年二月二十日　投保FYP　＄47,273元……英姿煥發。

七十六年八月十四日　加保FYP　＄64,370元。

七十七年五月一日　感覺頭痛，我們笑他錢太多了，頭才會痛。

七十七年五月三十日　去他店裡，他又喊頭痛。「哎呀，吃吃阿斯匹靈就好了」，大家起鬨笑著說。

七十七年七月二十日　經榮總詳細檢查，恐為腦瘤，決定開刀。大家都笑不出來了。

七十七年八月十三日～七十七年九月六日　入榮總開刀。我到醫院去探視他，一四七四病房。從電梯門出來往病房去，大老遠看一個人顫巍巍立在門口，穿著睡袍，兩隻手扣鈕子扣不太起來，女兒攙扶著，理個大光頭，走近一看才知是董事長。「林仔，你來啊……」「董仔……」我鼻頭一酸，別過頭去，怎會變成這樣？才幾天……

七十九年六月五日　永豐開幕酒會，甘董仔堅持要來，囑王忠安開車載他，戴著假髮，和當時青商會會長林炳耀（我的換帖大哥）合照了一張。董仔對裕盛的關愛，永誌難忘。

八十年五月二十日

記憶力逐漸衰退，已不能再到店裡視察，要在家裡休養，去家裡看他時，「爸爸，看誰來看你呢？」甘太太問。「林——裕——盛」他吃力的回答，我頻點頭。

八十一年六月十五日

記憶力完全喪失，已不再記得我是誰，躺在椅上，蓋著棉被，有專任看護蕭太太負責照料，我坐在旁邊靜靜地陪著老董，過去在店裡暢談古今的歡樂畫面猶如電視畫面般的跳過，悲痛啊！曾經如此熟悉卻再也無法倒流的時光。

八十二年四月二十一日
腦瘤復發，意識不清，無法行動，再次入院榮總。

八十二年五月一日
上午十點半病逝於自宅，享年五十四歲。英年早逝。

八十二年六月九日
南山人壽理賠支票FW5757951 $2,733,351元。

謹以此段文章紀念提拔我、疼惜我，一路支持我的摯愛的甘盛分董事長。

雖然我們都曾經抬頭望著天上的星星，星光燦爛，但其實那顆星早已死了，在幾萬或幾百萬年前。但從來也沒有人知道星星的死訊，對我來說，只要抬頭仍看見星光，那顆星就仍存在，不管死了幾天，或幾百萬年都一樣。我們回盼您流星般劃過的風采，也是一樣，想念您的心，更是一樣。甘董仔……

（二十年後重讀這一段文字，再次讓我潸然淚下……前幾天才又繞去名家西服，阿川還是那麼熱情，和甘董仔在店裡談笑風生的往事，歷歷在目。）

陌生式拜訪

女性以電話開發為主，直衝招攬為輔；男性以直衝招攬為主，電話開發為輔。

由於女性在聲音上的優勢及體力上的有限，除了可像男性般從事直衝招攬外，電話開發不失為另外一個有效的陌生式開發客戶的方式。事實上，這兩種方式都適用於男女業務員，為大量開發準客戶的方式，雖然很多人批評沒有什麼科學性與效率，但是透過大數法則（平均法則），我們總會尋獲適當的準客戶，並且將其促成。在我以前做D.S.（Direct Selling，陌生開發）的時代，我們稱南京東路二段到五段，忠孝東路二段到四段為新進業務員訓練中心，也稱業務員的墳場，因為太多業務員踩過了，被cold爛了（cold canvassing的簡稱），還有啥營養？殊不知大樓的房客送往迎來，同一棟大樓總有相當的生命力，只要你堅持、努力，總會有行到水窮處，坐看雲起時的收穫與喜悅。

而一棟十幾二十層的大樓「扣」（cold）下來，總會成交一到兩件，而透過這一兩件case，再發展開去，就輪到客戶介紹與C.O.I.兩個層面的客源發展，運氣好的話，就此綿延不絕出一張客戶網，前面提過的胡太太及兩件襯衫就是最好的例子。因此，如果你確實沒有人脈，只有陌生拜訪一途。你還要感謝身處在這個時代與空間，試想，如果到美國那種大都會去，大樓的管理系統如此嚴密，你想做直衝卻不得其門而入，沒得衝你懂嗎？趁現在大樓管理還不是很嚴密的，趕快去做D.S.，免得莫待無「衝」空頓足！在最短的時間（有限的區域）做最大量的拜訪，是新進業務員進入保險殿堂的偉大途徑：直衝萬歲！不為直衝者，永遠無法入保險之殿堂也。

第三十二章 直衝拜訪的六條黃金定律

陌生式拜訪客戶並不一定完成交易，
但是它幫我們抵達一壘，
熱情與自信送我們上二壘，
幽默與傾聽形成滿壘的局面，
最後，贏得客戶信任奔回本壘得分。

Enthusiasm是所有推銷的書裡面最重要的一個詞——「熱情」。

定律一：熱情與自信

不單是見面推銷，打電話拜訪客戶尤須熱情，試著用充滿熱情興奮的心去和電話那一頭的陌生人講話，效果絕對出乎你的想像。記住10－3－1法則，每天打十通電話給你的老客戶，每天見三個準客戶，每天開發一位新認識的朋友。我們也都知道，客戶就像那一壺冷水，我們就是扮演火爐的角色，你想想，水是冷的，如果火爐也是冷的，那一壺水何時能燒開？所謂cold canvassing，就是用我們的熱情去瓦解那冰冷的心靈（有人要來拿你的錢，怎不冰冷？），因此要想辦法——自我鼓舞，先讓火爐發熱發燙，才能燒開那一壺水，然後倒出來泡出來的那一口茶，就是我們的利潤了。

七十三年一月我和南山一位前輩張經理（就教高明）到農安街去cold calling（他說巷子裡常常停了一排賓士車，鐵定有好康仔，我們去瞧瞧），一路坐著他的「跑天下」就去了（那時候，「跑天下」可拉風了，結結實實的樣子，讓我們好生羨慕，有一天一定要開一部福特車過過癮，後來我真買了一部天王星2.0Ghia，只不過才開了半年就換成Benz230E）。

到巷口停好車子，兩個人拎著包包走了進去，有一家「綠鴻貿易」門口停了輛Benz 280SEL，乖乖，綠色的。280足夠嗆的，卻配上綠色，這個老闆一定很臭屁，張老大這麼說。話沒說完，我前腳就跨進了「綠鴻貿易」的門檻，腳一進門，眼睛就迅速流轉，搜尋最大的人物。大人物都坐在哪裡？答對了！最裡面！果然在一排兩名男士的座位後面，一位四十來歲，肚子略凸的中年男子坐在那，正低著頭看報表，不是他是誰？

「老闆，來看您——」

「事務機器啊！我剛買了一台影印機，不需要。」他猛一抬頭，以為我們是事務機器推銷員。

「不是啦！阮這款型哪裡是在賣機器啦！」

「阿磨是賣啥？」

「坐喔好哦——」嘜驚著，賣保險啦！」我拉高嗓門，「熱情」的喊出……

定律二：親自拜訪客戶

我們的董事長曾經講了幾句簡單的話，卻影響了我整個的壽險生活：「其實，人壽保險這個事業非常的單純，整個推銷業更是非常的單純，就是與人接觸的行業。任何人，不管他能力高低，只要勇於到市場去，向五、六個人熱誠的講述保險的故事以及自己奮鬥的歷程，我保證他一定能成功！」

你得就打擊位置，同時揮棒，才能擊中球，推銷正如打棒球。全壘打總在無數次三振後產生，要做個全壘打王，享受喝采，就得先習慣當個三振王。王貞治不就是個活生生的例子嗎？他永遠忘不了剛入巨人隊那一段三振「王」的日子，噓聲四起，不但磨滅不了他的鬥志，反而砥礪了無比的志氣，除了正規的練習之外，每天對鏡獨自練習揮棒三百次。每當夜闌人靜，曉星高掛，那種孤獨，那種追求成功的無比鬥志，有誰能知啊！最後，伴隨著「稻草人式」揮棒的誕生，終於也誕生了亞洲的全壘打王，打破貝比．魯斯的紀錄，名垂青史。就打擊位置，揮棒！失敗，是為了醞釀下一次的大勝利，讓我們一起穿越三振，揮出全壘打！

如果我們勤奮地工作，推銷業是世上最簡易的工作；但如果懈怠了，推銷業就是世上最艱難的工作。永遠不要忘了——

你無法賺取報酬，除非你完成交易；

你無法完成交易，除非你簽寫合約；

你無法簽約完成，除非你面對客戶；

你無法面對客戶，除非你前去拜訪。

這就是一切銷售的祕密，也是推銷這一行的根本——親自拜訪客戶。

——我只是走進去！

背誦N次，直到面對每一扇陌生的門時，都能本能的推門而入為止。

世上沒有所謂的業務超級巨星；有的只是他們吃過超級的苦頭！所有的超級高手都曾經和我們一樣面臨過三個困境：在陌生的大門前徘徊過；在陣亡的邊緣掙扎過；在被窩裡偷偷的哭泣過。

苦盡，才會甘來。這是再明白不過的，永遠的真理！

定律三：頂尖高手的記錄動作

老闆笑開了口，就像嬰兒般的無邪。

「保險，我有了，你是都幾經（哪一家）？」

「南山ㄟ，阮抹是『歸塊』ㄟ……」

他再次的咧嘴而笑，我知道，幸運之神已經慢慢降臨我們身上，後來，慢慢的聊，才知他姓郭，郭武雄是也。綠賓士是他的合夥人，隔壁盟城飯店的老闆陳昭淮的。後來整個Group加進了陳彥烈，當時的廣播名人陳麗秋的哥哥陳兆水，紅花鐵板燒的老闆張定雄，整個FYP加起來超過了一百萬元，才五個人，他們原本都住在綠鴻貿易旁邊一棟七層樓的大廈上。你看，一部綠色的大賓士居然蘊藏著無比的商機，大家以後在大街小巷看到名貴轎車，一定要有追根究柢拜訪的精神，幸運之神，總是在隱暱的角落偷偷的看著你！（舉例說明）

郭武雄

1／10 陌生式拜訪，綠鴻貿易郭董事長，研判是好「腳」。

1／13 再訪，不在，順便彎過去盟城找陳董，比郭精明的生意人。

1／14 寄信給郭、陳，表示很高興與其相識。

1／21 再訪，送建議書給郭，我們講了很多笑話，郭笑得很開心。

2／8 到郭家訪問，三個女兒，乖乖，「擠不出兒子。」郭董咧嘴笑，我們直說女兒好，貼心嘛！將來多了個兒子，再談建議書。

2／12 晚上七點到郭府，他不在，他太太說出國了，月底才回來。

2／25 早上十點三十分到綠鴻堵他，他看了看我們，說：「去找陳董，要就一起保。」

2／28 陳董看了建議書後沒什麼意見，二十幾萬保費好像不在乎似的。

3／5 陳董去美國看老婆，一個禮拜後回來，祕書這樣說。

3／15 郭董說晚上要和紅花張吃飯，我們想跟去，郭說下次吧！也好，又多了一個準客戶；紅花鐵板燒，張定雄董事長，又是一個「雄」。

3／20 陳董回來了，皮膚曬得更黑，說是去打高爾夫球。「太太怎麼樣？」「當然好！」「你給她什麼車開？」「Benz600。」難怪，二十幾萬保費吭都不吭一聲！跟張經理說怎麼保費設計那麼少？「先砍下來再講。」

3／25 早上十點去郭公司，不在，下午又去，大決戰；郭不先保，陳怎麼保？訴求南山的專業及醫療，還本壽險，高保障企業鉅子型，郭樂得很，笑得像嬰兒一樣。「好啦！月底了，下個月再開票。」

4／5 送善存給郭及陳，祝他們長命百歲，壽比南山，囑付他們一天一顆，不得有誤。

4／18 郭開票：$ 232,932元。

4／25 close陳董：$ 248,647元！

就推銷工作而言，沒有任何事物比開拓客戶更重要，然而，大量開拓客戶必然帶來大量的資料，如何去蕪存菁，保持鮮活的印象，則非靠詳實的「記錄」

功夫不可了，因之「記錄你的工作，以及執行你的紀錄」是絕對要遵守的。

你做「什麼」工作，比你做「多少」工作更重要，在千頭萬緒中，挑出「什麼」工作來做，則非透過手到：「記錄推銷工作」的功夫方能畢其功於一役。「做得高明」比「做得勤奮」更重要，要work smart，也得從「記錄」的蛛絲馬跡中不斷搜尋，不斷搜尋出靈感不可。鉅細靡遺的忠實寫下你一天的工作紀錄，代替我們脆弱而易忘的記憶，牢牢記住，人的記憶力是最不可靠的！用筆、紙來代替它，「空」出來的腦袋，才能思索「把什麼工作做得高明」。

定律四：適當機智的幽默——化解敵意

「紅花張仔」——紅花鐵板燒張董事長是也。

那一年他老人家四十五歲，不常來店裡（紅花鐵板燒），來時必高朋滿座，他也陪客戶吃，這個case我跟張經理真是吃足了苦頭，跑了不下一百次（雖不中，亦不遠），有時候人家問我為什麼到現在還這麼拚，實在是受南山前輩的精神影響太大了。看陳媽媽，我跟她合作case時，她大老遠的從高雄搭飛機上來，到客戶那裡去時手裡提著兩大袋資料，我幫她拿時都覺得重。但她卻不以為苦，每一次去見客戶都是奮戰到底，有一次還在客戶家樓下馬路旁等客戶賦歸，到了晚上十點多我說：「回去了啦，陳媽，蚊子好多。」她說：「再等一下，既然來了就多等一會。」我聽了真是既汗顏又感動，陳媽都願意等了，我算什麼，怎能不等？後來那個客戶到深夜快十二點才回來，看到我們差點沒嚇死，連忙請我們上去坐，登門入室，當然不能空入寶山了。

張經理也是一樣，盯case的黏勁真不輸給年輕小夥子，紅花張在大陸也有生意，來來回回跑，怎麼去堵他？有時去晚一點，櫃檯說剛走；早點去，櫃檯說還沒來。「什麼時候來？」「不知道。」你說苦不苦？兩個大男人常常在紅花樓下走廊的摩托車上呆坐，愈坐愈跑，愈是激起高昂鬥志：一定要close回來！

機會終於來了。那晚碰巧張董請幾個朋友吃飯，我們湊過去一起吃，張董也沒反對，大概聽他的祕書說我們跑了幾次，於心不忍吧！吃著吃著，張董突然說：

「林仔，拎這保險也嘸效啊！買保險有什麼好？」一句話，他以為考倒我們了。

張經理聽不懂台語，似懂非懂的愣在那裡不知怎麼回答，我心想這是扣扳機的最佳時機，錯過了機會不再，摸對了搞不好就close了，腦子也沒怎麼思考，情勢危急，我脫口而出：

「董仔，沒錯，買保險是沒有什麼好處，但是，也沒有什麼壞處啊？」他一聽可傻了，不知怎麼答？就像在打桌球時，對方殺一球過來以為我們穩死的，哪裡曉得我們反手一拍，他反而撲救不及。

「重點是，你買得起啊！」我繼續說：「更何況，您常常打高爾夫球，萬一被球打到，我們也會賠啊！」

我還舉一個例子說，上次有一位客戶被球打到嘴巴，ㄉㄛ ㄌㄟ ㄇㄧ掉牙齒的故事，大家笑成一團，張董好像很爽似的一直夾菜給我們。「沒什麼好處，也沒什麼壞處，重點是我買得起啊！」似懂非懂，似對非對，反對問題不用那麼嚴肅，輕鬆急智的一擊，也許會有想像不到的效果，不只on，還進洞咧！果然，酒足飯飽移駕至piano bar時，「張董，那建議書您看看，什麼時候跟您解說？」「明天下午好了，下午四點多，我早點來，你們再講給我聽，對了，郭武雄、陳董保什麼屆時順便跟我講一講。」

七十七年七月十五日，張定雄投保：PLP一百萬加上SAEP兩百萬總保費379,560元，橫跨了四個年頭，為那輛綠色賓士劃下了句點，沒想到當初的驚鴻一瞥，卻給我們帶來好運連連。各位讀者老爺夫人們，以後走在路上時，不要忘了東張西望，First step! 職業的本能告訴你有商機的，不要忘了立即行動，Second Step!

張董後來有次又打電話給我，叫我去收保費，「支票已開在盟城會計那邊，趕快去收啦！免得過期。」那時是九月初，八十四年，很久沒去看他了，人家還打電話來，對了，應該趕快再去找他，也許還可以加保加保嘛！剛浮起了這個念頭，心裡又不免發愁，什麼時候會在紅花呢？樓下摩托車座椅上的兩個長長的孤單身影再次籠罩了我的心田，久久不能退去……

定律五：傾聽——被人遺忘了的銷售祕訣

傾聽，專注有效地傾聽：很多業務員見了自認為良質（有希望成交）的準客戶之後，總是興奮不已，暗自竊喜，進而一輪猛攻，一路發表強而有力的talk（話術），也不看準客戶臉上的表情變化如何（慢慢轉為不耐煩），最後，好好的一個case被「說」垮了，還不知道怎麼敗的。

其實，我早期也是犯了這種毛病：喋喋不休甚至一副掏心挖肺般的解說，結果總是剃頭擔子一頭熱。原來明明可以收的case往往落個無疾而終。也難怪原一平拜訪客戶總是早早撤退，或者採用輪盤話術——聊客戶喜歡的事（聊他家的事）。慢慢的，我漸漸學會沉默是金，沉默可以換來黃金。傾聽，原來在銷售裡也是一門大學問，不光是沉默，整個行為語言展現出來你專心、熱誠、渴望地傾聽的態度，只是這樣些微的改變，卻會對你整個的銷售業績，做出不可思議的成長。

有一次我到一家大公司拜訪，空檔時看到布告欄上，有一則給他們公司業務員的忠告：

「下次你們去電影院時，注意看看演員傾聽時臉上的表情。一名優秀的演員，除了能說善道，更必須是優秀的傾聽者。聽者的表情更是可以搶說者的鏡頭。日本名導演黑澤明曾經說過，許多演員不能成為巨星，主要是因為他們學不會有效的傾聽。」

什麼叫有效的傾聽：除了表現出你非常專心聽對方說的話，還要非常留意且欣賞他的談話內容，而這些，不正是我們的銷售對象一直很渴望得到卻鮮少得到的東西嗎？不是有一句銷售諺語這樣說：「**你讓他得到他想要的；他就會讓你得到你想要的。**」這句話用在傾聽上一樣非常管用。因為，有九成九的人心裡都有一籮筐的話要講，所以當你暢談不止時，對方心裡會作何感想？臉上又會有什麼樣的表情？反之，當你能扮演可愛的傾聽者，讓對方盡情發表，滔滔不絕之後，也許就是一張大大的訂單呢！

陳兆水的case就是一個最好的例子。

我跟張經理去拜訪他時，他正好五十歲，公司在林森北路靠南京東路的大樓三樓裡，辦公室裡面擺了一張很大的辦公桌。他坐在後面，斜叼著一根菸，頭髮不是很多，整齊地往後梳，一派名士風流模樣。第一次去拜訪他時，是下午兩點，到七點鐘時兩個人才拖著疲憊的腳步離開他的辦公室。等了他五個多小時，我們講話的時間卻不到十分鐘。另外為了配合他老人家講話時的左右晃動習慣，我們兩個也要跟著左右晃動以捕捉他的神情與節奏，加上被熏了不知多少根菸的煙霧，你看，我們怎麼會不疲憊？出來後在旁邊的coffee shop休息時，兩個人累得講不出話來。第二次再去時，只用了半小時講解建議書，另外又花了四個小時聽這位老先生的事業生涯，他告訴我們他的家庭、時代，那部開了七年始終捨不得換的Benz 200老爺車（還白色的哩！騷包），他如何白手起家，如何相信別人但卻被拖累，又如何東山再起，成就目前的事業。一樣是左右晃動的慣性動作，一樣是煙霧瀰漫，大概從來沒有人讓他講得如此的淋漓盡致，講到激動處，兩手不斷搓著，眼神充滿感情。

「我買少一點，老郭的一半就行了。」

當時我們兩個人已經兩眼昏花，肩膀痠痛，也就沒有再討價還價（爭取像郭武雄一樣的保費），直接收了支票：$135, 800元！

總計在兩次的拜訪裡，我們只講了半小時，卻聽了將近十個小時，應驗了耳朵勝於舌頭，贏得了生意，更贏得了陳老先生心裡無比的暢快！

做一名出色的傾聽者，讓別人感受到你很有興趣聽他講話，你的專心傾聽和讚歎是他長期渴盼卻又得不到的寶貝。給他想要的，你就會得到友誼和cash。

下次見到客戶時不要忘了問：「您能有這樣的成就，究竟是如何達成的？」客戶的話匣子打開後，接著問：「然後呢？」講到高潮處，不要忘了再繼續問：「真精彩！還有呢？請再告訴我多一點。」

秉持三問原則，你鐵定是一個非常受歡迎的現代贏家！（客戶的話像水龍頭打開般的止不住；你的收入也正像水龍頭打開般湧出的金幣接也接不完。）

定律六：兩人同心——其利斷金

初期做陌生式拜訪，我個人建議最好兩個人一組，搭配進行，好處是：

1.遇挫折時，相互鼓舞打氣，比較不會氣餒，免得一開始拜訪兩三家不順利，就會垂頭喪氣，無以為繼。

2.進攻時，一為主攻一為助攻，相互支援，兩個打一個，比較不吃力，思考也會較為周密，遇有突發狀況，才不會手忙腳亂。

3.主攻或助攻可隨時調整互換角色，讓體力得到調息喘息的機會，否則客戶以逸待勞，業務員一旦體力不堪負荷，腦袋一下子不靈光，就會敗下陣來。

4.兩個人可互相牽制打氣，比較不易產生情緒上的怠惰，工作上較可掌握進度與效率。

當然，缺點不是沒有，萬一您找了一位搭檔本身不是積極努力型，約case常遲到或放鴿子，這時會影響你的工作，等來等去耗去了許多工作時間。因此，慎選工作夥伴是相當重要的。

事實上，你只要認真D.S.半年左右，累積準客戶達一百五十名左右，大概在壽險這個行業就可立於不敗之地了！如果能在五年內累積客戶量達五百名，那麼根據專家的統計，你就吃喝不盡啦！因此，人壽保險業是年輕人創業的天堂的確不為過，如果你滿腔熱血，揮舞著雙拳向命運挑戰，不怕吃苦，隨時歡迎加入我們的行列！

我的前任祕書羅美惠就是最佳的佐證！

八十二年，為我工作六年的祕書因結婚懷孕而離職。我首次登報徵求祕書，結果來了一堆求職信函，裡面有一封讓我印象深刻，六十一年次的小女孩，羅美惠，剛從「德明銀保」畢業，附了一封詞情誠懇的自我推薦信，長達數頁，相較於其他只有短短一張履歷照傳的求職信，顯然表現了她的企圖心。而且是隻身由高雄北上，希望能透過這個職位留在台北打天下……

給她一個機會吧！我還不是南部人到台北來打天下的。就這樣，美惠於八十二年六月一日走馬上任，其間美惠認真學習，由完全的門外漢到最後成為掌控全盤的主力祕書，並由於她的幕後護盤，讓我全力攻堅八十三年南山第十七屆高峰會議，在我領軍及台北四位agent及台東曾淑惠合力衝刺下，終於獲得該次高峰會議會長寶座，這次的會長意義深遠，因為是第五度奪魁，距離上次當會長已是六年之久，再一次的發揮，除了證明薑是老的辣外，更顯示了意義非凡的「五星上將」榮譽（南山夥伴戲稱）。

也因此，為了慶祝非凡的榮譽，我特別在《天下雜誌》截稿前，出發至夏威夷領獎前夕，登下「給客戶的一封信」（參閱左頁）廣告感謝所有客戶的支持（這在當時引起了保險業的很大迴響，因為這畢竟是單一業務員自行出資刊登的廣告，有別於其他保險業廣告皆是由保險公司出資）。廣告的下款，我印上五個一起並肩作戰的戰友姓名，以示榮耀分享，落名時，美惠在旁邊嘀咕說：「經理，我呢？」一語驚醒夢中人，怎可漏了在後方支援核保，累計競賽保費綜觀全局，讓我們無後顧之憂的重要人物——羅美惠？我當下毫不猶疑的補上。一次光榮的戰役，就此完美的進入歷史，讓所有付出心血者，在歷史光榮的河流裡，永垂不朽。

營經續永　NAN SHAN 南山人壽保　豐富一生

南山人壽保險股份有限公司

總公司：台北市民權東路２段144號

永豐營業處：台北市金山南路２段200號5Ｆ　TEL：(02)3930160(代表線)

親愛的客戶：

以萬分感激與喜悅的心情寫信給您，是為了告訴您經過了長達四個月競賽，由於您的全力支持，裕盛終於再度脫穎而出：榮任南山人壽第十七屆高峯會議會長(有效保費900萬)，距第一次當會長已是10年前的事情，民國73年夏天，在台南赤崁樓大飯店，裕盛發表第一篇會長得獎感言，一顆南山的新星已然誕生，爾後在10年間，陸陸續續摘下第2面、第3面、第4面會長旗，期間還包括2面代表南山最高榮譽的年度榮譽會會長。

歷經10年的奮鬥，當年的新星已宛然成長為一顆巨星。如果一面會長旗代表一顆星的話，那麼裕盛肩上已佩上5顆星；但這並不值得我喜悅，喜悅的是擁有你們這麼多年來持續不斷的支持，這也並不值得我驕傲，驕傲的是扛下了你們一千多個家庭的負託。回首過去，獎杯在歡笑中傳承，榮耀在淚水間打轉，感謝您的支持，更感動於您對家人那份無盡的愛與責任，裕盛自當秉持著「誠信第一服務至上」的精神繼續為您服務，向前邁進，開創更寬廣的無限——屬於你我。謝謝！

林裕盛 于83.6.2

夏威夷高峯頒獎前夕

★1984年第 7 屆高峯會議會長

★1988年第11屆高峯會議會長

★1988年南山人壽榮譽會會長

★1989年南山人壽榮譽會會長

★1994年第17屆高峯會議會長

圖左為

南山人壽總經理林文英先生

◎感謝：周明德、許天發、游志偉、潘怡廷、曾淑惠、羅美惠及永豐營業處全體人員

南山榮譽會 NAN SHAN

南山人壽八十二年度榮譽會優秀會員 林裕盛

之後，在不斷的耳濡目染下，美惠表達了轉任外勤的意願，我雖萬般不捨，卻也難擋別人高飛的壯志，終於在八十三年八月三十日，美惠正式轉任外勤。在她離職的前夕，我語重心長的說：「……美惠，人壽保險業並非那麼的容易，以妳的條件，老實說並不是很適合，所以可能經歷更多的困難與打擊，但是，如果妳能堅持理想，咬牙拚鬥，有任何問題，師父都會隨時支援妳，加油！」還記得那時美惠緊閉的嘴唇和眼角的淚光，那是種多麼堅毅的神情啊！

為什麼說美惠條件不怎麼好？主要她是高雄人，台北的人脈只有同學，將來勢必要從D.S.殺出一條路來。果不其然，作業沒多久，美惠經常三天兩頭往高雄跑，也許高雄人頭比較熟吧！但又發生一個問題：

「經理，他們（高雄）都說我人在台北，將來保單怎麼服務？遲疑著要不要跟我買，還是跟就近的業務員買？」

怎麼可能沒錢買保險？

這個問題不大不小，我給了她一個對策：

「美惠，妳這樣說：保險是金融服務業，貴在有無服務的誠心與決心。沒有此敬業精神，就算你跟樓上的業務員買，照樣得不到好的服務；你若跟我買，有什麼事，一通電話，我雖人在台北，但我可以一張飛機票就飛下來看你，或者透過我們公司高雄的人員為你服務，肯定會讓你滿意的！」

結果美惠後來說，真的有效吔！我們兩個人開心的相視而笑，我也如釋重負。

八十四年五月一日美惠晉升主任，真是不容易呀！醜小鴨也變成天鵝了！在她的晉升酒會上，大家拚命的為她鼓掌。之後，她開始和我另外一位直轄王華根做D.S.拜訪，王華根為韓國華僑，我們管她叫咪咪，親切而且合乎她的瞇瞇眼，她跟美惠一樣不會講閩南語，同樣沒有人脈，兩個人卻靠D.S.發展出一片天空。有一次兩個人在等一位警察打公共電話，結果等了好久，咪咪摸著電話筒說：

「唉呀！都快發燒了，怎麼這麼燙！」（幽默的一句話，breaking ice。）年輕警察不好意思趕快掛下電話，說：「拍謝（不好意思），剛剛在跟女朋友講話啦！」結果三個人站在路邊開始聊，兩個女生開始自我介紹……

「沒有錢買保險吔！」

「怎麼可能，一個月一千元，怎麼會買不起。」

結果，您猜怎麼著，不但那位年輕警察買了，接著他所服務的天母派出所裡八個警察同事都先後close了，再後來發展到連大直派出所的警察也已保了七、八位。我真是汗顏，天母派出所就在我家上去一點，卻變成美惠和咪咪的地盤。每個月她們的業績量都是FYP二十萬左右，相當穩定。兩個人的名字都印在同一張名片上，經濟有效，兩人同心，其利斷金，真是最佳拍檔！

早期我和蕭乾立搭檔亦是如此，和張淡生搭檔也是如此。彼此都能相互砥礪，創造出一張張保單，編織出一張張客戶的網來。沒有那些D.S.的過程，沒有那些兩人在摩托車上寒風裡相擁的刺骨，沒有那些累倒在coffee shop的苦澀，就沒有今日的我！

同志們！前進吧！拿著你們一張張的名片，敲開一扇扇緊閉的大門，成功與希望，就在門後，等待著我們！只要你想到，從古到今，多少推銷界英雄豪傑，都是這樣走過來的，我們便不再遲疑，勇於推開那一扇扇的門吧！

陌生式拜訪客戶並不一定完成交易，但是它幫我們抵達一壘，熱情與自信送我們上二壘，幽默與傾聽滑進三壘，然後兩人相互扶持奔回本壘得分。

Chapter6

成功有效的銷售公式

所謂成交的次數是失敗的次數加一次，
因此，業務員一定要有嘗試close的意願。
一次不行，下次再試，
攻勢一波接一波直到完成為止。

第三十三章 每戰皆捷的成功銷售

Close不是只有一個步驟，
而是一連串動作的連續，
不是一個交易，
是一系列交易的總合。

雜亂無章的出拳常常讓業務員不知身在何方，迷亂了腳步也迷失了方向，原本一蹴可幾的case擦肩而過，看看拳擊台上的高手過招，亂而不亂，十五個回合按部就班，美妙的穿花蝴蝶步（阿里出名的腳法），擊倒對手已是必然，問題只是時間而已。

推銷也是一樣，close不是只有一個步驟，而是一連串動作的連續，不是一個交易，是一系列交易的總合。明瞭了現在身在整個銷售公式的何處，才能採取適當的作法以克敵制勝，也不致錯亂了腳步而全盤皆輸。

以下舉一些成功的銷售公式給大家參考，不一定每一個都要精通，但務必要精通其中的一兩樣，經常演練，熟能生巧（毅力可以帶動技巧，不要忘了），最後進入你的潛意識裡面，成為不可分割的心法，你就可以從容於疆場之上，優遊於武林之間，揮灑自如，每戰皆捷了！

銷售的八大步驟（基本馬步）

1. 找準保戶（Prospecting）
2. 接觸（The approach）
3. 搜尋資料（Fact-finding）
4. 呈遞解決方案（Presenting the solution）
5. 嘗試成交（Try to close）
6. 處理異議（Handling objections）
7. 再次成交（The close）
8. 遞送保單（Policy delivery）

這個銷售公式為所有公式的準則，雖然長達八個步驟，卻有它的實在性。也有可能在第五步驟就結束。所謂成交的次數是失敗的次數加一次，因此，業務員一定要有嘗試close的意願，一次不行，下次再試，攻勢一波接一波直到客戶投降為止。七十二年我和鄭雄經理（就教高明另一位名師）到新生北路三段去close一位照明設備公司的老闆。case談得差不多了，那天是下午三點，風和日麗——決戰日。我和鄭雄輕車簡從（就兩個人啦！哪來從？），直殺新生北路陳府。一樓是店面，二樓辦公室兼住家，談了一個小時，好像已經差不多了，我寫了收據，陸萬壹仟捌佰肆拾元正，「唰」的一聲從收據本上撕了下來，交給對面的陳董。陳董看了一下，像燙手山芋般的傳給坐在隔壁的陳太太，陳太太瞄也不瞄一眼，就丟給坐在對面的鄭雄，鄭雄一接，趕忙往右傳，又傳回我手裡（真有你的，鄭雄！），來回不到一分鐘，橄欖球也沒傳這麼快!?怎麼才一會工夫又回到我手裡，我怎麼辦？

我哪能怎麼辦！說時遲那時快，又傳給正對面的陳董，然後我們兩個同時點頭說：「董事長成全。」陳董也傻了，怎麼這麼快又回到他手裡，趕忙又是往右一傳，陳太太接個正著，我們眼一溜，馬上又是一句「陳老闆娘提拔」，她正想再丟出來時，我趕忙一句：「不好意思啦！職員都在看！」她一聽，立刻煞住車，回頭一看，果然職員都探頭竊笑，「不去上班，看什麼看？」看她這一遲疑，我們又一齊點頭，「多謝老闆娘」，頭都快碰到膝蓋了。

這下子，兩個老的我看你，你看我，面面相覷，抱著定時炸彈不知怎麼辦？

「好啦！給他們保了。」董事長不好意思再傳了，那麼多人在看，傳出去也不好聽，都是你的職員吔！後來陳太太終於起身，拿著收據往裡面走，喀嚓喀嚓的開支票聲音，格外的大聲，我聽起來卻相當悅耳。收完票，離開山水照明，夕陽掛在新生北路高架橋上要掉不掉的，而我們兩人的背都溼了。

「好險！」鄭雄說。

「好你個頭，剛剛為什麼把球傳給我？」我狠瞪他一眼——然後是蔓延在夕陽餘暉裡的笑聲。

會談與記錄的七大步驟

1. 開發準客戶：大量拜訪客戶取得合格名單。
2. 事前拜訪：初步會談，可能很多次，取得客戶確定在的時間，以利攻堅（深入會談）。
3. 調查會談：挖掘客戶的難題，取得送建議書的機會，並贏取客戶的信任。
4. 會談之間：寫信給客戶，仔細推敲、準備建議書，約定下次訪談。
5. 締約會談：說明客戶的難題，呈遞解決方案，處理疑義並促成交易。
6. 成交後會談：遞送保單，完成循環，並盡力取得客戶介紹之名單。
7. 記錄：詳加記錄，累積成功的哲學，並做好電腦歸檔。

衝擊式銷售法的六大步驟

1. I（Investigate） 調查
2. M（Meet） 面談
3. P（Probe） 深入了解
4. A（Apply） 滿足需求
5. C（Convince） 誠心說服
6. T（Tie it up） 成交

此次銷售循環稱為衝擊式（IMPACT）銷售法，不只是人壽保險，其他行業的sales也可適用，重點在probe的程度愈深入，愈能掌握客戶的需求，除非找到客戶的需求，否則我們無法銷售，因此，P的過程可能需要反覆幾次，可設計多重問法來探查事實，每一次見客戶時，都要仔細盤算什麼問題來問客戶，這些問題能得到什麼資料，彙整出整個完整的藍圖，對症下藥，手到擒來。For example，善問「為什麼？」

「我才不相信任何人壽保險！」

「為什麼？」

「因為聽說保險都是騙人的！」

「為什麼是騙人的？有實際的案例嗎？」……

「我付不起這麼多保費！」

「為什麼呢？」

「保費太高，滿期本錢都拿不回來！」

「為什麼？」

「難道你認為它划得來？」

「為什麼划不來，它一直是最划算的投資，同時解決你經濟上兩個並存的危機：活得太久或死得太早，人壽保險是人性中自私與無私一次解決的工具。」

……

我們不用解釋個沒完，只要簡單的問「為什麼」，鼓勵準客戶多說一點，他說得愈多，自己才會發現話中的矛盾之處，不得不承認原來的想法有些偏差，然後：

1. 慢慢的去釐清他的思緒。
2. 找出自己想要的東西。
3. 我們把握住這些要點，滿足他close。
4. 記得到客戶那裡去，多用耳朵，少用嘴。

建立普通與個別問題的五大步驟

1. 找尋未來主顧，組織客戶。

2.從前面的「八大步驟」面談中，建立普通問題。
3.從前面的「七大步驟」面談中，建立個別問題。
4.強調人壽保險是最佳解決方法。
5.激勵準客戶，銷售促成。

難題與解決方案的四大步驟

1.拜訪客戶，安排下一次的面談。
2.促使客戶同意確有難題存在。
3.請客戶提出自己的解決方案。
4.說服客戶相信業務員的解決辦法是最好的，並刺激客戶採取行動。

基本上，客戶有兩個難題，一個是積聚，一個是保存，積聚需要時間，需要時間就需要人壽保險，這是年輕人的難題；保存需要省稅，節稅最佳之道就是人壽保險，這是老年人的難題。

前者在於得的欲望，後者強調失的恐懼，兩者皆讓人不得不採取行動，因此，「得失之間」，是業務員馳騁的無限空間。

三步致勝術

1. 搜集資訊。
2. 促成交易。
3. 深耕廣耘。

這個程序集中在前兩個，第三個步驟在於延伸客戶，程序愈少，功力愈深。大家細細揣摩，就可以得知個中三昧，唯新進人員，宜從步驟多的循環演練純熟之後，慢慢遞減程序，由繁至簡，以簡馭繁，必可成高手，御前一品帶刀侍衛，來去自如也。

Chapter 6

第三十四章 贏取信任贏得訂單

我若不信你，你講再多也沒用，我若信你，講那麼多幹嘛？

在《成功雜誌》八十四年七月辦的一場Top sales演講會上，裕盛忝為講師之一。演講完畢，有一短髮、神采奕奕的中年人前來台下向我恭喜，道賀，打氣。「年輕人，講得很好！」並拿我的拙作《奪標》邀我簽名，我受寵若驚，不知所措，剛巧《成功雜誌》的朱清成社長在旁邊幫我解圍，並介紹此紳士為國內赫赫有名之金鐘領帶董事長嚴軍海先生。彼此當場交換名片，並無多語後而含笑告別。

不數日剛巧清成兄又邀我同去新加坡參觀——「連鎖加盟」研討會，不意在機場又碰見了嚴董事長，這次又多了嚴夫人前往。在機上時，大家閉目的閉目，養神的養神，我亦不例外，戴上眼罩休息，突然一眼瞥見有燈光晃漾，一看非同小可，在一片睡海中，軍海兄居然把書研讀並做心得筆記，真是令我既感動又汗顏，當場忍不住過去讚美他（座位在我右後方）。

爭取信賴，快速成交

之後，在星城數日，相遊甚歡。回台北後，和嚴太太保持聯絡，她很熱心的邀我去三重湯城的辦公室看他們，我在電話中得知他們的「王子」由美國回台灣了，心想做個計劃書帶去也好。嚴公子，二十郎當，保費二十四萬餘元。一進入大門，大姊（後來尊稱）熱情招呼我坐下，閒聊一會兒之後她說：

「裕盛啊！你不是有帶什麼計劃書要拿給我看嗎？」

「是啊！」我慢慢抽出紅色建議書夾。

「等一下，跟我講沒用，待會兒跟我老公說好了！」

「欸，老公啊！」嚴太太拉高嗓門，「快進來啊！林裕盛有東西給你看！」心裡想，不怎麼妙，可能是打太極拳，一個推給一個。

嚴先生從showroom進來，剛坐定，不解的問：

「什麼東西啊！」

「哦！裕盛帶了份關於我們王子（他們暱稱兒子）的保險計劃，你聽他說。」

我拿建議書趨近，從主契約開始往下講解，講不到三分鐘（可能更短）。

「多少錢啊？」嚴先生第一次問我沒聽清楚，我裝作沒聽見；他又問了一次，我指到最下面，總計價格的地方246, 800元，唸完數字，他老大往玻璃外手一揮，會計走了進來，「去開一張支票給林先生，246, 800。」

「好了，不要談了，現在談點別的！」我當場愣在那邊，真的假的呀？

「老大，不用再解釋了？」

「唉呀！我若不信你，你講再多也沒用，我信你，講那麼多幹嘛？浪費時間！來來來，挑幾條領帶回去……」

那天告辭時我身上除了那張支票，還多了五條金鐘領帶（各價值三千餘元）和四副袖釦。在車水馬龍的三重車陣歸途中，我滿心感激與佩服嚴氏夫婦，人家真是做大生意的！身手、氣魄不同凡響，出手又大方，此種格局我們還要學幾年哪！

執筆之際為八十四年十月三日晚上十一點五十分，隔日要搭長榮的飛機前往美國芝加哥應邀New York Life華人大會演講。行程為十月四日至十月七日，演講完將轉往ＬＡ，嚴先生、夫人正在那邊陪他們摯愛的王子、公主，我細心準備了國內交趾陶大師呂勝南的大作〈龍鳳呈祥〉前去探望他們夫婦倆，以表達我誠摯的謝意。（也是紀念出道以來，close時間最短，最沒有成就感的case！）

讀完以上這章，您覺得它是屬於黃金三角的哪一個圖形呢？（參閱左圖）

銷售高手的黃金三角圖

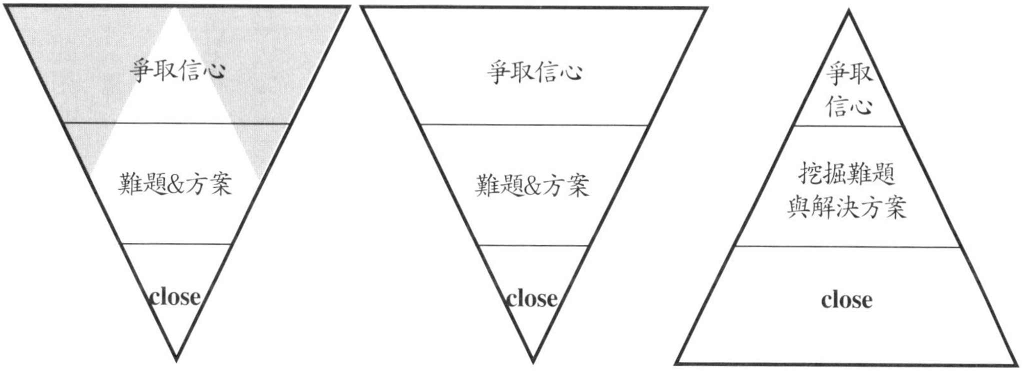

（一流）

一流的推銷員，又把爭取客戶信任的時間縮短了，變成菱形，主攻放在尋找難題與提供方案，close時也快。

（二流）

把三流的程序倒過來，爭取信心的時間長一點，客戶信任你了，close就很快。

（三流）

左圖為入門或三流的業務員，爭取信心的時間短，所以close就拖得很長，甚至收不下來。

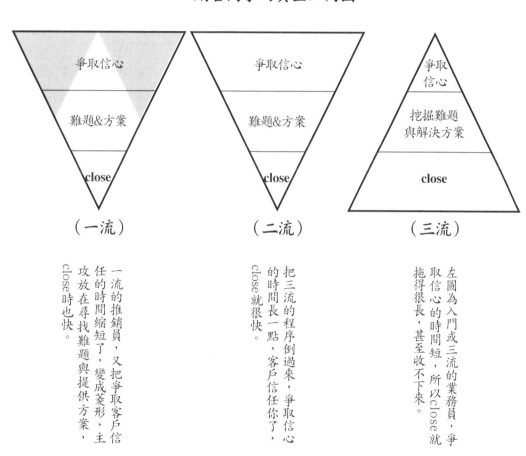

推銷，真要用心的是如何和客戶建立交情爭取信任，也就是「經營」。保險的好，客戶哪一個不明白？你只要告訴客戶你的好就行了，做保險就是做人！

增員，重點在如何「選才」！

但你要選人家，得先把自己富起來搞成功，也就是推銷要先做好，人家也在選你嘛！

為什麼要堅持銷售？

如果你很努力推銷都賺不到錢，你增來的人也靠推銷賺不到錢，那麼，我們這個行業就有問題了，你還增什麼員呢？

如果你視賣保單為畏途，只想增一群人靠他們賺錢給你，你就太天真了，這年頭，誰會傻傻的幫人扛轎子呢？你不樂意銷售，如何號令他們去推銷？大家都躺在那裡等錢從天上掉下來，不如去買樂透，五百萬分之一的機率還高一些！

附錄

（2015新版附錄）

「幽默到客戶喜歡你，
專業到客戶信任你，
誠懇到客戶願意提拔你。」

——林裕盛

《成功學》裡面講：「成功是要付出代價的。」
這當然是正確的，但是，我現在要告訴大家：既然付出了代價，我們就一定要成功！
成功的代價是如此的高昂，但是，跟平庸的可悲比較起來又是如此的微不足道。
我們不是為了追求平庸的，我們是為勝利而生的。
我們沒有「失敗」的字眼，只有向前追求我們的成功。

林裕盛【個人發展歷程】

★亞洲壽險界最負盛名的頂尖高手
★輝煌保險業三十四年
★一九九四年中華民國十大行銷突破人士
★一九九六年AIG全球年報專訪
★二〇一二年高峰會連續三十年傑出成就獎
★一九八三年至二〇一二年連續三十年高峰會代表
★當選三屆高峰會議會長、三屆年度榮譽會會長
★榮獲中華民國第二屆十大行銷突破人士
★保險TOPSALES永遠的標杆
★多次接受《保險行銷》、《現代保險》、《商業周刊》、《突破》等媒體專訪
★演講地區遍及亞洲，遠達芝加哥
★華人地區最具知名度的壽險專業人士
★臺灣《經濟日報》專欄作家
★作品包括：《奪標》、《雙贏》、《成交淩駕一切》、《邁向Top Sales之路》、《步步為贏》、《勝利之子》、《贏向成功》、《打造勝利的城堡》、《你準備好有錢了嗎？》、《成功有捷徑——50個黃金法則》、《開創錢脈100招》、《英雄同路》、《功夫》等。有聲書：《獨領風騷》、DVD《王者之王》系列。

【附錄一】

「成功」到「成就」的輝煌——二〇一五北京演講實錄

從二十六歲開始做保險，時至今日，我已經在保險行業度過了三十四年。回顧第一天進入保險業的情景，恍如昨日。在保險行業，各種戰役、各種節點、各種競賽接連不斷，在忙碌充實之中，時光如白駒過隙。

因此，我首先勉勵大家，韶光易逝，你要把握時光好好去努力，去打拚。你選擇了路的起點，就已經選擇了路的終點。你愈拚命，你距離成功的時間就愈會縮短。很多業務夥伴進入保險行業之後，並沒有很認真，也沒有很打拚，沒有一鼓作氣達到目標，我覺得很可惜。

進入到保險公司之後，你首先要確立一個目標。在我看來，除了推銷方面的目標外，你還要有一群成功的人圍繞著，就是增員，培養一批優秀的夥伴。那麼，當你達到這個目標之後，就等於飛機在高空航行。

我們知道，飛機起飛後，就會不斷提升高度，直到三萬公尺的高空，然後保持高空航行，即將抵達目的地的時候才會逐漸下降高度，而不會在飛行的過程中起起落落。因為，保持高空航行是最省力的，也是最安全的。

我覺得，人生也應該如飛機衝上高空一般，一鼓作氣，追求成功，追求卓越。你從最初開始就一鼓作氣達到一個高峰，然後守著這個位置，是最省力、最安全的。

馬雲創業的那個時代已經一去不復返，他的成功經驗我們一般人很難複製。相對於其他行業，保險事業的成功更容易。

我做保險三十四年，也獲得了非常多的榮譽，積累了大量的經驗。在此，我將我從事保險推銷的想法、我的人格特質，以及我的思想告訴你，然後，你把這些東西百分之百複製到你的身上，那麼，你就一定會成功。

成功的觀念

人壽保險是世界上最偉大的行業，人壽保險產品則是世界上最偉大的發明。在我看來，世界上沒有比保險更容易成功的行業。然而，既然這個行業如此偉大，卻為何沒人來做？為什麼進入保險行業的人又做不來？做不久？這主要是源於觀念的錯誤、能力的不足，以及方向的偏差。

成敗在於一念之間。如何往成功方面去練習？這就需要你從現在開始，把所有失敗的思想全部劃除掉。

成功是要付出代價的，既然付出了代價，就一定要成功。

我們做人壽保險銷售付出了很大的代價。首先沒有底薪，我們付出了沒有基本薪資的代價。其次，我們面對著親朋好友對我們的懷疑。我們身邊沒有人會因為我們開始做保險推銷工作而對我們刮目相看，為我們敲鑼打鼓地慶祝，他們都會覺得我們是被別人拖下水的，為我們惋惜，甚至開始躲避我們；再次，我們在銷售的過程中，付出了時間、金錢以及情感等等，這些，都是我們所付出的代價。

《成功學》裡面講「成功是要付出代價的」，這當然正確，但是，我現在要告訴大家：既然付出了代價，我們就一定要成功！

成功的代價是如此的高昂，但是，跟平庸的可悲比較起來又是如此的微不足道。我們活著不是為了追求平庸的，我們是為勝利而生的。我們沒有「失敗」的字眼，只有向前追求我們的成功。

再往本源上分析的話，成功實際上就是犧牲A來換取B。所以，在我們想要獲得成功的時候，我們要首先去思考：我願意為成功犧牲什麼？

成交之前我們沒有尊嚴，我們的尊嚴在成交之後。

保險行業實際上是最困難的，因為困難我們才來到這個行業——因為，有困難，才有機會。

我認為，做保險最大的困難有兩點：

第一，你不夠勤快。以我的經驗來看，若你能做到每日十三訪（為什麼是十三訪，後面文字部分會有具體解釋），且持續三個月，那你這一輩子的保險就做不完了。

第二，你不願意放下面子、放下身段。我很喜歡一句話，說的是「當一個人願意放下面子去賺錢的時候，代表他已經成熟了。當他用賺來的錢換回面子的時候，代表他已經成功了。」

作為一個年輕人，一個在為成功奮鬥的人，請問：你有什麼面子、什麼身段放不下？如果一個人總是抱怨，說做保險沒面子，那我可以確定，這個人一輩子大致上不會有什麼作為。在我們這個行業，成交之前我們沒有尊嚴，我們的尊嚴在成交之後。

成功就是要做別人不想做的事情，並且要持之以恆。

很多人喜歡在辦公室裡面寄一些印刷品給客戶，這的確很輕鬆，但是，如果單純依靠這個方法就可以收到很好的效果的話，保險公司就會安排專員來做這些事情了，不需要我們代理人來做。因此，不要花大量時間去做一些無意義的事情。你要時刻明白一個道理：你不想做的事情，別人也不想做。天寒地凍、颳風下雨、酷熱難耐的時候，我也不想出門見客戶。

但是，實際上，每一天都是拜訪客戶的日子。成功就是要做別人不想做的事情，並且要持之以恆。所以，當你有一天想到「我不想去拜訪客戶」、「我不想幹了」，你就要問自己幾個問題：「我想成功嗎？我想出類拔萃嗎？我想出人頭地嗎？」如果你想，那你就要去克服不想做的事情。

魚與熊掌不可兼得，你不能又要偉大，又要舒服，天底下沒有又偉大又舒服的事情。所有成功的背後，總有不為人知的努力。你所有的成就，所有的業績，所有的收入都跟你的付出成正比。

想清楚為什麼選擇了保險行業，是否要在這個行業做一輩子。我可以告訴你：我們這個行業第一是困難的，第二是辛苦的，第三它的未來是美好的。它的困難分為困難、很困難、非常困難三個層次，過去、現在、未來都很困難，從來沒有容易過。之前有人問我，「你為什麼在這個行業做了三十多年都沒有離開？」我說「很簡單，因為我找了三十年，沒有找到比這個行業更難的。如果找得到比這個行業更難的，我就要去，因為更難才會激發我更大的潛力、鬥志、學習力，把個人的價值發揮到最大。而且，愈難的工作，絕對報酬愈高。」

進保險公司，你要「貪心」，「貪心」是一個好的字眼。但是「貪心」不是去侵犯別人的利益，而是用我們的智慧，用我們的努力去創造最大的價值。

在壽險行業，要成功就要拚命推銷+拚命增員。

在壽險行業，有一部分代理人進到公司兩三年之後，就開始不推銷了，拚命增員，試圖通過增員的管道獲取高收入，我認為這是非常錯誤的一種觀念。作為壽險代理人，要以推銷為榮，樂此不疲。你自身不喜歡推銷、不樂於推銷、不擅長推銷，你怎麼去增員？我曾經見過一些這種類型的團隊，最後整個團隊人心渙散、行為散漫。在我看來，這種做法無異於自掘墳墓。

還有一部分代理人，不增員，拚命推銷。對於這部分代理人，我覺得很可惜。增員是舉手之勞，只要你成功了，你有成功的方法，增員只是將方法分享出去而已。

因此，結合我多年的經驗，我給大家一個時間表：進入到保險行業初始的三到五年，我鼓勵大家拚命推銷，在保險公司賺錢靠的就是推銷，賣保單你才能賺到錢。之後的六到三十年，拚命推銷、拚命增員。

拚命推銷：每天開發十三個準客戶。拚命增員：每個禮拜六你都必須約人面談。

在增員方面，最大的懲罰是不規則的增員。比如增員遇到難處，就覺得增員不能做，然後回去做推銷，推銷一段時間再去做增員。針對這樣的情況，你必須把你腦袋裡那種懷疑要統統拿掉，要義無反顧。

增員要增優秀的人，增那些自動自發去做事的人，沙裡淘金，而不是煉沙成金，沙子無法成金。懶惰、不願意學習的人要及時淘汰，增員不是人多好看，要增「元」，增加收入。我們就是老闆，所以要增員老闆。如果增員物件不具備當老闆的素質，就不要去增員。

人壽保險最終的思想是立足推銷，放眼增員。推銷是主旋律，增員是硬道理，兩手都要抓，兩手都要硬。我的格言很簡單，叫做：平凡自己，去見客戶。豪華自己，吸引別人。

兩類增員物件的增員關鍵點

目前，在我們增員的物件中，有兩種人比較普遍。一類是90後，剛剛大學畢業走出社會，社會經驗不足。另一類是70後或者60後，這種人有比較豐富的社會經驗，在此前的工作中也有一定的收入。對這兩種人，有兩種不同的溝通和輔導方式。

90後——對於90後的增員對象，溝通關鍵在於「翻轉宿命」：

保險這個行業是一個快樂且充滿鬥志的行業。如果來到這裡，你去努力，聽話、照做、重複、堅持，你就永遠立於不敗之地。選擇進入這個行業，當然是為了有更高的收入，改善你自己以及家人的生活，改變你的宿命。

但是，進入保險業的收穫卻遠不只金錢，你進入保險業最大的收穫是人格特質的養成，這個行業的困難主要在於要面對和經歷無數的拒絕，所以，當你當選擇進入，選擇走上這一條道路，當你嘗遍人情冷暖，受盡難以想像的拒絕，經歷無數跌宕起伏，你的人格就開始茁壯成長，變得成熟。

人格的成熟一定要經過歲月的打擊，這種人格成熟的特質是其他行業沒有辦法給予的，也是金錢沒有辦法置換的。這種人格的成熟，是守護你一輩子的最寶貴的財富。這將是你在保險業最大的收穫。

70後——對於70後（或60後）的增員對象，溝通的關鍵在於「翻轉身手」：

在自然界中，很多草食動物都會進行遷徙，主要原因就是所在的地方由於乾旱等原因已經沒有水草、或水草不足，要群體遷移到水草肥美的地方去。雖然在遷移的過程中，會遇到鱷魚等野生動物，生命受到嚴重威脅，但依舊無法改變這些動物對遷徙的執著。連食草動物尚且如此，何況是人？

保險公司的制度自然是很適合個人發展的，但並不是所有人都認同。然而，關鍵不是保險公司制度的好壞，而是你現在所在的行業是否還有市場，還有巨大的發展空間和利潤。如果你把原來的經驗和人脈移植到保險行業，你就能「翻轉身手」，把原來的身手翻一番，把你原來的收入變成你保險收入的所得稅。

銷售三部曲——開發、經營、成交

前面我提過，你要在進入保險行業的前五年拚命推銷，而拚命推銷的目的就是要在這五年內建立一百個優質客戶。根據美國專業書刊的統計，如果你有一百個優質客戶以後，好好服務，那麼，你這一輩子的銷售生涯就有保障了，因為一流的業務員百分之七十的業績都是老客戶的重複購買和推薦購買。

那麼，如何擁有這一百個優質客戶呢？

撲克牌理論

一副撲克牌有四門，每一門剛好十三張。2、3、4、5、6、7、8、9、10，J、Q、K、A。你每拜訪十三個，就會有九個淘汰，有四個會比較好一點，

會長　林裕盛經理

得獎的感覺眞好！

在長遠的壽險生涯裏，這份榮耀並不是一個句點，而是我們滿載著光輝繼續向前奔馳的起點。

（林經理亦榮膺最佳單位經理）

副會長　陳忠民襄理

努力付出的，終於得到回饋了，願百尺竿頭更進一步。

（陳襄理亦榮膺最佳業務主任）

年度最佳營業處獲邀參加榮譽盛會同仁合影

得獎的榮耀，只是起點。保險人生，就是該「奮鬥再奮鬥」。

然後裡面會有一個A級客戶。

因此，你一定要從機率裡去發現你的A級客戶。為什麼你覺得保險難做？因為你總是跟2、3、4推銷保險，很多人很喜歡把2變成A，可是在保險行業，最聰明的做法就是逼自己找到A，這必須要經過一個痛苦的過程，叫勤快，你必須讓自己每天去拜訪十三個不同的人。

在這個行業，要成功只有一個辦法，就是多找到A級客戶，然後多成交。那A級客戶怎麼來？沒有什麼捷徑，就是撲克牌理論，就是拜訪。很多人說保險行業不能做，在我看來，給自己的無能找一個有尊嚴的藉口，其實是最沒有尊嚴的事。不是保險行業不能幹，是他沒幹；不是保險行業不能做，是他沒做。

放下身段

在撲克牌理論的支撐下，你要勤奮，每天拜訪十三個人。這就需要你必須不斷地派發名片，時刻提醒自己放下身段。

我們開發客戶非常執著，舉個簡單的例子：每個村子都有瞭望鏡觀察，一看到我們要進村，全部都會緊閉門窗，有的村子，我們一發名片，全村人都躲著。但即便這樣，我們還是得繼續發名片，不放過一次機會。

我曾經為了一個單，早中晚一天三次出現在客戶的辦公室，一度讓客戶的妻子誤以為客戶和我有債務糾紛。最後客戶在我這裡購買了保險，但第二個星期，我又去到他的辦公室。他見到我的第一句話就是：「你怎麼又來了？」我說：「我們主管說要好好服務客戶。」然後，客戶就讓我去服務別人。我對他說：「我只有你這個客戶。」客戶瘋了，問我說：「那你怎麼樣才能從我眼前消失？」我說：「主管說你要幫我介紹客戶，介紹十個準客戶。」

我也曾經為了讓客戶買保險而迫使客戶連夜搬家。但即使這樣我仍然沒有放棄。我透過電話查詢到了五個與客戶同名的人，然後一一拜訪，最後，其中三個人都成了我的客戶。而那個為了躲避我連夜搬家的客戶，見到我之後也非常的驚訝。在我的「追擊」之下，他最後也購買了保險。後來，這位客戶不幸遇險，他繳了十六萬的保費，獲賠了一百六十萬。

如果沒有一個這麼敬業，這麼勤勤懇懇，放下身段與尊嚴的業務員，客戶搬家了還追到底，怎麼會有後來的這個理賠呢？當我們願意犧牲一點點尊嚴去見客戶，到最後，我們換取來的是客戶身前身後的大愛，我們會贏得客戶心裡面最深的感激，這就是人壽保險推銷員偉大的地方。

因此，我們當然要去「逼」客戶，因為客戶獲得的好處遠遠比我們多。你要相信保險，相信自己是好人，否則寸步難行。

銷售保險不僅僅是為了競賽，為了賺錢，為了主管的要求，更是你心中有愛。愛到最高點，心中有保險。一個有遠見、有責任感、有愛心的人才會來銷售保險。

我們常常說，人生短短幾十年，二三十歲的人懂得這個道理買保險，是因為他有遠見；四五十歲的人懂得這個道理買保險，是因為他有責任；六七十歲的人都該懂懂了，再沒有愛心買保險，人生就過去了。

人壽保險解決三件事情

1、早走了。購買保險並不意味著有人會死，而是有人還要有尊嚴地活下去。如果家裡的頂梁柱不幸離開人世，或者喪失了勞動能力，那麼，家庭的經濟會受到嚴重的影響，房貸、生活費用、孩子的教育費用等家庭支出，將會給活著的人帶來極大的壓力。

2、晚走了。現在，人的壽命隨著醫療水準的不斷提高而愈來愈長。人們壽命變長，這當然是一件好事情，但關鍵問題在於，如果沒有足夠的金錢安度晚年，那人還沒走，錢卻用完了，這是 件很可悲的事情。現在有錢並不代表以後就一定有錢。因此，為了規避這種情況，購買保險就非常重要了。所以，人壽保險的儲蓄險重點不是告訴客戶利率有多高，而是告訴客戶這是一筆強制儲蓄，動不了，以防客戶家中出現什麼變故而影響整體和長遠的生活水準。

3、生病了。現在，醫療成本是相當高的，俗語說的好：「一病回到解放前」。

疾病和意外誰也沒有辦法預防，沒有辦法阻止它們降落到我們身上。因此，準備一大筆錢來應對疾病和意外是必要的。因為，有錢的人還有機會治療，但沒有錢的話就肯定治不了。所以，關鍵就在於錢，這個錢是你自己準備還是別人幫你準備？你是自己準備百分之百還是你只準備百分之十？

幾個字概括人壽保險

其實，客戶都很清楚保險對他的好處。我們這個行業之所以讓客戶詬病，主要是因為客戶認為我們是來跟他要錢的。他的開銷已經很重了，左手薪水進來，右手開銷出去，本來就拮据，還要將收入用來繳保費。但是，客戶最後會慢慢明瞭：實際上我們不是去拿錢的，我們是去送錢的。

人壽保險的意義功能就四個字「倍數、積聚」，「倍數」主要體現在出險後，錢財的放大效應上面，你繳一萬，賠你一百萬；而「積聚」就是在平安的情況下，最後會有一筆錢給到你。就是把你繳在保險公司的錢，再加上一定的利息，利息或者高一點點，或者低一點點，跟市場上的貨幣有一點關係，總之，會比以前的錢多一些還給你。所以，基本上我們是去送錢的。

有一個美國銷售員我很喜歡，他經常送客戶圓珠筆，上面印著六個字「我來推銷鈔票」。的確是這樣，我們只不過把客戶的錢從A戶口轉到B戶口，所以，客戶其實很清楚，他買保險是為了將來產生更多的錢。

我剛剛講過，保險是「積聚」跟「倍數」這四個字，人壽保險一開始是八個字

「有事賠錢，沒事還錢」。六個字「以小錢換大錢」。再往下說的話，人壽保險只有兩個字，叫做「責任」。一個字，叫做「愛」。

客戶為什麼要買保險？

賣保險，首先要比誰的頭腦清楚，其次要比誰的腳快。因此，頭腦清晰非常重要。你必須要明白客戶為什麼要購買保險。每一個產品都有它的特點，但是，保單的特色不見得是客戶能接受的，客戶能接受的是這個保單的賣點。

客戶購買保險主要來源於四個滿足點。

第一，功能上的滿足感。也就是通過對保險做理性的分析，最後覺得購買某一保險產品能夠滿足客戶自身對保險功能上的需求，比如醫療需求、養老需求、子女教育需求等。但是，功能上的滿足感距離成交還有很遠的距離，因為，覺得產品不錯，與最終購買，並沒有確定的關係。

第二，情感上的滿足感。客戶雖然覺得這個保險不錯，功能上比較滿足自身的需求，但是，客戶為什麼要跟你買？什麼時候買？這都是不確定的。因此，這就需要在功能上的滿足感之後，提升到情感上的滿足感。你要跟客戶建立一定的情感，讓他覺得在你這裡購買保險有一定的情感上的滿足。

第三，參與上的滿足感。人們往往對自身能參與的事情更熱衷。因此，你不但要多方位維護與客戶的情感，還要建立一種連續的榮譽思想，堵住你的後退之路。比如，你已經連續十二年第一名，那你今年可以保住這個第一名嗎？因為你沒辦法後退，你會逼自己去見客戶，然後你會「逼」客戶購買保險。你對客戶說：「我要第一，希望你能幫我？」他情感的支持，也是參與上的滿足感。

第四，身分上的滿足感。購買保險不僅僅是規避風險，提供保障，保險還能體現人的身分的尊重和與眾不同。這就能給客戶帶來一種身分上的滿足感。

經營要訣：堆積情感

經營的要訣在於四個字：堆積情感

銷售很簡單，你第一次去拜訪客戶，把保險大概講一遍，留下建議書，從第二次到第九次去客戶那裡，你就跟他聊天，堆積情感，到第十次再去的時候，懇求簽單，成交。

其實，你每一次的拜訪都有傭金的收入，假如你的收入是一萬元，拜訪十次，那每一次都有一千元，只不過到最後成交了一次而已。你要懂得，中間那個過程你必須要去堆積情感。一定要牢記一句話，當你跑到不好意思再去的時候，就是客戶不好意思不購買的時候，客戶到最後被你感動了，他就會買保險。

所以，經營是在整個銷售過程裡面是最困難的，也是最耗時的，但是，通過經營，你會跟客戶產生微妙、長遠的互動，在收穫的那一刻，也是非常甜美的。

任何一種產品，並不是我們有多會賣，而是客戶會買。我們會的是什麼？就是每次去拜訪他，陪他聊天，讓他很開心。最後，懇求簽單。

成交三部曲

成交三部曲包括：幽默到客戶喜歡你，專業到客戶信任你，誠懇到客戶願意提拔你。

幽默到客戶喜歡你

培養自己的幽默素養，善用幽默，就能讓客戶很快地喜歡上你。其實，老闆等大客戶都是痛苦的時間多，很多事情需要操心和擔憂，壓力很大，煩惱又多。所以，當我們去拜訪客戶的時候，要讓自己非常地幽默，會說話，讓客戶開心。

比如，請教客戶事業為何如此成功；要善於觀察，看到高爾夫球杆就聊高爾夫球等。前文我提到過，在第二次和第九次拜訪客戶的重點是要堆積情感，在這幾次拜訪中，我很多時候都是講幾個笑話，看到客戶哈哈大笑就告退了。

案例：

我曾經讀過一本書，有一個保險營銷員要做一個銀行家的保單，但那個銀行家根本不理他。他就在下班的時候去堵這位銀行家。當這位銀行家從樓梯上走下來的時候，看到一位和他打扮一模一樣的人從樓梯下面往上走。那個人和他一樣戴著一頂高帽子，一個眼鏡，穿著一身咖啡色西裝。

銀行家很好奇，問到「你是誰啊？」「我是原一平。」「你怎麼和我穿的一樣？」「我為了接近你。」

所以，保險產品不是一個高科技的東西，不是很複雜，做好保險的關鍵是在一些無

工作之餘，莫忘健康！這是林裕盛一再強調的。

形的東西上。能不能掌握你跟客戶之間這種人性的互動，能不能讓客戶喜歡你，這很重要。在以前，我拚命看書，從書本中學習到很多引起董事長等高端人士注意的方法，然後，我就會應用到保險推銷中。所以，終身學習也非常重要。

我有一個客戶是做室內設計的，他的設計非常知名。當時，我去開發他的時候，穿著西裝。而設計師一般都穿得很休閒，帶著一個休閒的帽子。我們的穿衣風格如此不同，讓我自己也感覺到不對勁。

我在前文提到百分之百複製，因此，有一天，我在車子裡面準備了兩身休閒裝，一頂和設計師一樣的帽子，到設計師那裡後，我就在車裡面換裝。當我從門口走進去的時候，設計師非常驚訝，「怎麼有人和我一模一樣？」仔細一看，才發現是我。他就問：「林裕盛你今天怎麼搞的？」我說：「沒辦法，今天我把我自己變成你，看能不能讓你接受我。」這句話一下子把他逗笑了。然後，我從包裡拿出了一枝和他用的一模一樣的筆，遞給他：「這一張保單你反正也考慮這麼久了，錢只是轉帳而已……」他一直笑，說：「我在你身上看到了我當年用心的樣子，買這保險純粹是為了拉你一把。」最後，順利簽單。

專業到客戶信任你

首先，是形象上的專業。比如，男士要穿西裝、打領帶，而且領帶的打法要標準一些，皮帶要清清爽爽。女性的話，頭髮最好要像電視主播一樣紮起來，配戴的飾品要適宜，不要誇張。指甲不要塗抹鮮豔刺眼的顏色，也不要留得太長。總之，形象要專業，要非常注重細節。

其次，是相關知識方面的專業。比如關於產品的知識，關於與保險相關的一些法律、法規、保險的作用等一些知識，你必須要非常熟練地掌握。統統要背誦下來。不能只是記到筆記本或者 iPad 上，必須要記在腦子中。因為，如果你在客戶面前翻筆記本、看 iPad，你就非常不專業。

專業是你能夠及時的把知識從你嘴巴裡面講出來。

因此，我們要專業到讓客戶信任你。只要我們足夠專業、服務到位，在保險業做夠長的時間，客戶換保險行銷員的機率幾乎為零。

專業還體現在對細節的注意上面。在銷售的過程裡面，你必須要非常注重細節。舉個簡單的例子告訴大家我是怎麼注重細節的。

前段時間，我在臺灣談一個保單，這個客戶大概也是十幾年的客戶，他打電話給我詢問一個險種的相關情況，最後約我在星巴克詳談。

星巴克的人很多，很嘈雜，而且座位不多，經常客滿。因此，我們約好三點見面，我兩點就到了星巴克。我先在廁所旁邊找了個位置坐了下來，因為，好位置已經被占滿了。我坐了半小時，窗邊的客戶埋單之後，我就移到了靠窗的位置，不過，這還不是我最看好的位置。在最後十五分鐘前，有一個沙發區的客人走了之後，我又換到這個位置。這個位置非常好，我與客戶坐下來的話剛好是比鄰直角，最適合談話。

當客戶三點到的時候，我已經叫了兩杯拿鐵。最後，當然成交了。

所以，做任何事情都要準備得非常充分。

誠懇到客戶願意提拔你

銷售的關鍵在於你必須要掌握人性，你必須要通透。通過對客戶的經營，堆積感情，那麼，最後，你就要懇求簽單。一定要誠懇，要放下身段。

作為一個年輕人，你為什麼不把自己真正的感情表達出來呢？當你遭遇到客戶的拒絕之後，你要將你的真實感受告訴客戶，而不是默默無語地離開，之後在自己的心裡翻江倒海。

案例：

在進入保險行業之初，我有一個做董事長的客戶，我經營了大概六個月的時間，期間，我送各種建議書給他，一直不間斷。最後，還是遭遇到了這位董事長的拒絕。他說：「我覺得你這每一單都很好，以後有需要我一定跟你買，以後如果再買，我第一個找你。」

聽到董事長那麼說，我就收拾資料準備離開。在開門走出去的剎那，我突破了自己，講出了一句話。當時，我認為如果我不講，就沒有機會再講了。我說：「我不相信，我不相信您今天這麼成功，在您成功的路上沒有遇到貴人幫助您。我今天只有單純的想法：初來社會，我希望能成功。我找不到您跟我買保險的理由，唯一的理由就是您願意幫我，提拔我。希望您幫助我在保險這條路上堅持下去，我向您保證我可以堅持一直做下去。我很想在這個行業成功，請您扮演第一個提拔我的貴人……」然後，誠懇地望著他。最後，這位準客戶簽了一張台幣十二萬的保單。

這張單所有的利益在誰身上？所有的受益人就是客戶跟他的家人。客戶當然知道這個保單的利益功能，可是，光知道並沒有辦法讓客戶產生成交的動力，你必須要在成交之前架一個橋梁，讓客戶從高空走下來，這個橋梁就是你必須誠懇，讓客戶願意提拔你、幫助你。

如果在產品的陽光大道無法成交，客戶用產品拒絕你，比如「我已經買很多了」，那麼只有「逼」入情感的小巷，才能讓客戶無處可逃。

因此，你要勇於突破自己，敢於跟客戶講。一個年輕人要尋求社會上已經成功的人拉他一把，這不是丟臉的事情，我覺得是天經地義。因為成功的人在最初創業的時候，也一定受到過別人的幫助。對這樣的客戶，你和他講「兩隻手、兩支腿都斷了會賠付多少錢」是沒有意義的，你必須要表現出你值得他提拔的樣子。

雖然求他「拉一把」的這個話很難講出口，但是，我已經說過：去做別人不願意做、做不出來的事，你才能成功。所以，銷售人壽保險的關鍵，不是你保險講的多麼天花亂墜，而是你知不知道自己的角色。求人難就難在先過自己這關。你要肯求人，善於求人，廣求人，求對人。成功人士都是很善於求人的。

成功密碼：1518

MDRT新解「must do right thing」，它的成功密碼是1518（發，我要發）。

「1」——熱情

在保險推銷中，你要隨時保持熱情，用熱情感染你的客戶。

什麼叫熱情？我們到客戶那裡，客戶不會歡迎我們。銷售的開始永遠是一個冷漠的顧客跟一個熱情的銷售員，所以客戶是水，我們就是火，我們持續的熱情，持續的燒，到最後水開了，泡出的茶就是我們的利潤。

熱情就是積極一點，我們要主動開發陌生人，不能等著陌生人開發我們，這是成功的要素。我們每一天都要拜訪客戶，雖然客戶的門口永遠充滿拒絕，彷彿有機關槍對我們不停地掃射，但我們要匍匐前進。

其實，客戶拒絕你是希望你更努力一點，他很希望支持你，但是你要更努力一點，更奮鬥一點。在這個行業，成功指日可待，大家只要好好努力，絕對可以既成功又有刺激性。

人壽保險不是一個孤獨的行業，我做得到的你們將來一定可以做到，保險業不是可以做一年兩年，保險業可以做三十年，可以做一輩子。現在，我還在充滿熱情地推銷、增員，為什麼？因為我賣出一份保單，可以讓家庭得到一份保障。我培養一個年輕人，就可以改變他的一生。

「5」——五大堅持

第一，堅持銷售。堅持銷售一輩子。所以，不要說「我不想推銷」，世界上所有有成就的人都經過規律的訓練跟磨鍊。要有成就你必須要專注，拚命推銷，拚命增員。

第二，堅持發展直轄。不是「組織」，而是「直轄」。團隊在組織發展過程中，最大的障礙是屬下的組織比你還大，最後變成大象腿，被架空。這是很不健康的。

第三，堅持提供優質服務，你要給客戶非常好的服務。

第四，堅持豐富團隊。我們怎麼評估一個領導？有三個標準，(1)有多少人員追隨他；(2)追隨他的人有多久；(3)追隨他的人有沒有賺到錢。

第五，堅持到有成就為止。我所說的不是「成功」，成功就是個人銷售，我希望你們能夠堅持到有「成就」，因為你不但要有個人銷售，還要有團隊。

「1」——榮耀

在推銷裡面，我希望你們要建立一種榮譽思想，堵住你的後退之路，你要參與競賽，要有連續的得獎紀錄，在最短的時間之內，在你的名字前面，加上最多的桂冠。我已經講過，人類最偉大的光輝就在於永不墜落，你要高空航行，所以必須要有連續的得獎紀錄。得獎紀錄在幫助成交裡面非常重要。

「8」——八大習慣

在壽險推銷中，我們要養成八大習慣，並且堅持一直做下去，收穫就會愈來愈多。

第一，感恩與回饋。不知感恩的人不會有大成就。比如頒獎之前，要首先感謝經理、領導、客戶、家人，而不是先表述自己的努力。你要傳遞正能量給團隊。其次，回饋。任何成功的人背後，都一定有人在幫助他。因此，成功之後也要幫助別人，擴大自己的影響力。

第二，終身學習。看電視也在學習，看電影也在學習，看書也在學習，成功者是最願意學習的。你要有智慧地去學習，對任何問題學會提出質疑。比如，曾幾何時，《暮光之城》這部電影非常受歡迎。看了電影之後，我還看了原著書籍。在書籍裡面，我發現了一個片段，說的是：因為吸血鬼是不能愛人類的，一吻他所愛的人類就會想要吸她的血，所以男主角必須克制那種愛。因此，男主角離開了，他就寫了一個字條給女主角，字條的內容是「我很快就會再回來，快到你來不及想我，照顧好我的心，我把它留下來陪伴你。」

之後，我每次離開客戶，就寫一封信給他，裡面只有這一句話：「我很快就會再回來，快到讓你來不及想我，照顧好我的建議書，我把它留下來陪伴你。」這個就是一個創意。創意必須從生活、學習裡面去吸收。

如果願意行動，就會成功。有創意，才能夠卓越。有影響力，才會有成就。所以從成功到卓越，再到成就，你必須培養你的三大能力——行動力、創造力、影響力。要有創造力，必須要終身學習，而且要隨時隨地學習。我們也許沒有辦法做一個先知先覺的人，但是我們至少可以做後知後覺的人，千萬不要不知不覺。智慧從學習來。

第三，做個受歡迎的人。做人失敗，成功是一時的；做人成功，失敗是一時的。我們要先銷售自己，再銷售保單。

第四，參與競賽。為什麼參與競賽？前文已經提到，我們必須要建立一個連續的榮譽紀錄，堵住後退之路，讓我們不得不去見客戶，逼客戶買保險。因此，任何競賽你都要參與。一年裡面有很多的競賽，你需要強迫自己連續得獎。在我的團隊裡，要求新人一定要走上四星會之路，主管要走上高峰之路，而且要連續地入圍高峰。

第五，自我調適，自我療傷。人壽保險市場是個充斥著無數拒絕的市場，我們要有臉皮城牆化、名片傳單化的精神，在「拒絕」的槍林彈雨中有技巧、有戰略的向前奮進。面對暫時的拒絕和失敗，我們要學習自我調適，自我療傷，讓自己有更好的心態去面對挑戰，迎接成功。

第六，自我管理。業務員都是老闆，不分上下級，都是夥伴關係，所以，團隊裡的每個人都要自我管理。人壽保險是一個註定辛苦的行業，這一路走來所有的艱辛困難，都只能靠自發的意識去克服，逼迫自己追尋夢想，逼迫自己去見客戶，溫柔有禮貌而堅毅地逼迫客戶簽單。

第七，關鍵時刻使出渾身解數。這是最關鍵的，只要你這樣去做了，我可以告訴你，成功就不是偶然的，是必然的。（結合我前面的具體案例，來理解這一習慣。）

第八，開發客戶像呼吸一樣。就是說，你要養成隨時隨地開發客戶的習慣。二流、三流的業務員只看到眼前的準客戶，比如說，天津拜訪完了，跑到青島去，青島拜訪完，又跑到北京去，這樣毫無效率可言。實際上一個正常的、有收入的、健康的人就是準客戶。

結語

未來市場會有愈來愈多的競爭，但是作為一個頂尖的業務員是不怕競爭的，我們怕的是沒有核心競爭力。塑造核心競爭力的方法，就是要學習，參加各類培訓。也許老師的一句話點醒了你，你就可以少走很多的彎路。要改變自己的行為模式、銷售模式，光靠自己是不大可能的，很多時候我們都需要借助外力。

【附錄二】

爭一時、更爭千秋的壽險事業——繼承頂尖人物的成功心法

不讓青史盡成灰，要讓保險上青天！

重讀二十年前舊作，心情難掩激動，百感交集。何其有幸，我在這個行業能堅持這麼久；何其幸運，能用有限的文筆傳承這個偉大的行業（推銷的三大難題V.S增員的十大難題）；何其有幸，竟能擁有大家這麼長遠的支持！

《雙贏》二十年前出版時，我就強調增員重點在選才，「輔導無用論」，優秀的人才不用怎麼輔導，差勁的業務員怎麼輔導都沒用，白費力氣甚至陪葬了主管！

時至今日，時下當紅阿里巴巴馬雲不也高喊「選才不培養」？真理只有一個，跨

越時空歷久不變！你愈早領悟，就愈快脫離庸才糾葛的泥淖，把力氣花在選才與進入這個行業的前期觀念輔導上，你才能游刃有餘進行原本的推銷工作；你的團隊也才能菁英薈萃的扶搖而上。

一、觀念

保險是份很矛盾的工作，因為，要跟健康的人談疾病，要跟平安的人談風險，要跟年輕人談養老，要跟有錢人談理財……哈哈，如此這般，這活兒還容易嗎？總是在客戶沒想要的時候，我們拚命推銷他；有朝一日他想要的時候，我們卻乾瞪眼不能賣了！

容易的事哪輪得到我們，人壽保險事業的挑戰與魅力，就在於它的困難！如果想做一個超業，光懂保險是不夠的（實話說，保險有什麼難懂的？），以為只要解說好產品就能成交，那去賣車子房子冰箱冷氣就好了；或者不用解釋產品就能成交，那去賣雞排蚵仔麵線臭豆腐就好了……你得仔細想想，我們這個行業的特殊性在哪裡？

雖然我們的工作是崇高的，但心態不可高傲輕浮（把坊間所有顧問式行銷的錯誤觀念丟入垃圾桶吧），本質上我們就是生意人，一買一賣之間就有利潤產生，客戶心裡當然雪亮，不為了業績為了賺錢，你來找我幹什麼？因此，銷售人壽保險跟銷售任何商品都一樣，我們要想清楚，客戶為什麼要跟我買？為什麼要將業績給你？為什麼要讓你賺？

成交的關鍵，從來就不是我們多會賣，而是客戶願意跟我們買！想清楚了，你就知道要怎麼從經營客戶的感情著手，不會成天在產品上打轉，更不該像無頭蒼蠅般，團團轉不知所以了！

一個人的強大，就是能與不堪的人和事周旋，一個業務員的強大，就是能不與不堪的人和事周旋，直接跳過D咖C咖，關注B咖經營A咖！生活中努力的人有，勤奮的人也多，但不代表他們都能成功、都能完成夢想，如果努力與勤奮不在正確的方向上堅持，我們也許一事無成！

「盛哥，當初你進來做保險是因為可以發展組織嗎？」

WoDM呀，是誰給你這種錯誤的概念，一九八二年，因為看了費德文推銷術看到脫頁才決定進入這個行業的，相信靠一個人推銷壽險就可以致富！（除了自己，你還可以靠誰？除了鞭策自己，你還能鞭策誰？）至於後來的增員直轄與組織發展，都是個人成功之後伴隨而來的團隊成就。

本末倒置，殆矣！

其實，人生就是一場「卡位」，想想，好不容易出世做人，就得好好珍惜好好過，好的高球場買張球證卡位綠蔭藍天，好的房子買一戶卡位游泳池卡位悠閒，選擇一份事業好好工作卡位成功！

世上所謂經典，都來自簡單、專注與精益求精，銷售功力的提升何嘗不是如此，我們壽險事業的發展更是得如此！保險業務通往成功的道路上，總是存在著寂寞與誤解，心態上不要老糾纏著苦與累，你要做到累並快樂著！現在不累，以後就會更累！

壽險事業的脊梁柱：

立足推銷放眼增員擁抱壽險事業／推銷是主旋律，增員是硬道理，兩手抓，兩手都得硬／平凡自己去見客戶；豪華自己吸引別人！

不管你從事什麼，想辦法喜歡你的工作，這樣你每天早晨八點到晚上六點都是高興的；如果能再找個喜歡的人在一起，從晚上六點到早晨八點也都是開心的！多圓滿的人生啊，哈哈……

如果自覺不夠優秀（事實上，絕大部分自覺優秀的人都不會進入我們這個行業，這不是很好嗎？哈哈），那就勤奮一些！等到我們夠勤奮了，你就比別人優秀了！成功的關鍵因素從來不是天資聰穎，而是後天的努力！世上也只有少數人是天生贏

豪華自己，吸引別人！超級業務員更需要擁有增員的能力。

家，我們夠努力了，然後更優秀了，成功，就等著我們去收割！

真的，不要再抱怨做保險很苦，天底下比做保險苦的差事可多了，你去開計程車看看，你去擺地攤看看，你去幹保全看看，或者，你去選總統看看，都比咱這個工作苦太多了！嚴格來說，我們只是去找客戶聊天，聊得來就收錢；聊不來就換人，如此而已！（何苦來哉！）順勢而為不是順其自然，成功豈可順其自然，你得讓自己變得更加優秀，然後勉為其難！

推銷——真要用心的是如何和客戶建立交情爭取信任，也就是「經營」，保險的好，客戶哪一個不明白，你只要告訴客戶你的好就行了，做保險就是做人！

增員——重點在如何「選才」！但你要選人家，得先把自己富起來搞成功，也就是推銷要先做好，人家也在選你嘛！新人，先狠狠推銷吧！

為什麼要堅持銷售？

如果你很努力推銷都賺不到錢，你增來的人也靠推銷賺不到錢，那麼，我們這個行業就有問題了，你還增什麼員呢？

如果你視賣保單為畏途，只想增一群人靠他們賺錢給你，你就太天真了，這年頭，誰會傻傻的幫人扛轎子呢？你不樂意銷售，如何號令他們去推銷？大家都躺在那裡等錢從天上掉下來，不如去買樂透，五百萬分之一的機率還高一些！

賣保險，告訴客戶，除了創造現金，其他的都是多餘的；做保險，告訴自己，除了拜訪客戶，其他的都是多餘的！

你愈專注，業績才能愈好，整個人神清氣爽。

認同自己的專業

記得剛入行時，每個人朗朗上口的保險信條是「寧可百年不用，不可一日不備」，現在的業務員彷彿都忘了保險最基本的意義功能！成天資產配置啦理財啦躉繳啦，弄得自己儼然成為一位財務專家，完全偏離了我們只是一個單純的勤懇務實的人壽保險推銷員（單純方能立足，也才能有力量！），我們銷售風險與時間，這才是所有其他理財工具無法比擬的！再仔細想想，客戶根本不缺理財專家（他不會理財怎麼成為有錢人？），他缺的是能認同自己角色，敬業的人壽保險推銷員。

會有警察說他是理財顧問嗎？會有麵包師父說他是理財顧問嗎？偏偏很多我們這個行業的人說自己是理財顧問。

「股票你懂嗎？買了哪些？」「股市是吃人市場，不敢碰……」

「權證你懂嗎？」「哦，那更危險，碰不得……」

「高收益債呢？你看好歐美還是新興市場，你覺得以美元還是台幣計價的高收債哪個好？」「……」

「房地產呢？房地兩稅合一你有什麼看法？」「……」

不過就賣幾張短年期美元保單，就說自己是理財顧問（何況那種單不過是幫客戶賺那丁點利息，談不上風險分攤的大事），真正有錢的客戶哪需要我們幫他理財！（即使我們真的有下功夫略懂一二，也可以委婉的表達。）

就大大方方不卑不亢承認我們是壽險顧問吧！（一個自以為偉大到不屑於做小事的人，一定卑微到不足以成大事。）

賣保險是卑微的小事嗎？我承認！

用老闆的規格看待事業

永遠要記得，做業務，我們就是自己的老闆。不要跟著放假放鬆自己的努力，若不抽出時間來創造自己想要的生活，你最終將不得不花費大量的時間來應付自己不想要的生活。

執筆的此時正當十月，很多人在規劃耶誕節了，一個業務員如果整天想著放假想著節日想著可以不用拜訪客戶，大概還沒有從推銷事業裡面得到快樂，而一個不能樂在其中的人，我們很難想像他將來在壽險事業會有什麼成就？

明天週末了，仔細想想哪些大老闆平日不見蹤影，卻往往會在週末下午溜回空蕩蕩的辦公室（他們喜歡一個人靜靜思索公司的未來），此時，不就是你見他的大好機會嗎？或許他佛心大起，感動你的勤奮對你刮目相看從而拉拔你也說不定……從前我這麼做，現在你跟著做，成功人物不因週末而懈怠，大老闆如是，我們（不也是老闆嗎？）更當如是！

【保險簡單講1】

客戶喜歡你，他自然會找到支持你的理由；客戶不信任你，他也有你處理不完的拒絕。

保險是剛性需求，客戶是拒絕你，而不是保險！

【保險簡單講2】

很多人討厭醫院，生病了還不是得乖乖進醫院；很多人討厭保險，認為是花錢、出事（意外或疾病）了反而花更多的錢。

因為他們：

不明白保險也是錢，不明白保險是救命錢，不明白保險沒事當存錢，有事變大錢！

我們就是幫助客戶弄明白。

【保險簡單講3】

業務員不能有產品偏食症（保障有倍數的好，儲蓄有積聚的好！），客戶想買的就是最好的產品，先賣他他想要的，再賣他你想要的。

沒有成交，什麼保障客戶回饋社會，都是空談！

搞清楚你的核心競爭力

每個時代有每個時代的困難，保險事業從來沒有容易過，它只分成困難、很困難，和非常困難。如果你是來求財的，就拚命推銷吧；如果你是來求名的，對不起，你跑錯地方了；如果你是來坐以待幣的，你真會坐以待斃！

公司只提供一個機會和無限的發展平台，幾番風雨，有人飛上枝頭有人飛回尋常百姓家，誰也怨不得誰！

「開發客戶，經營客戶，成交客戶」是壽險營銷員不可替代的核心競爭力！不管網絡怎麼發達，保險永遠得面對人做生意。一流業務員永遠花百分之五十的時間開發客戶；百分之四十經營客戶，最後的成交僅僅只佔百分之十的時間。It's about time!「陳董，我們把這張單簽了吧」，而不是「要不要買這張保單？」

有些人說保險的商品很複雜，我倒不以為然。費率表，理賠，滿期，人家精算師都幫你算得好好的。再說，人壽保險商品再怎麼包裝再怎麼翻來覆去，不也就是要解決「走早了家人沒錢；晚走了自己沒錢；住院了四處借錢」這三件尷尬的人生錢事？產品不難，難在掌握自己的決心與勤奮；產品不難，難在掌握客戶的人性轉折。

健康是唯一本錢

休假日，除了工作，莫忘健身！生活再忙再累，身體是本錢，大家一定要注意鍛鍊身體。愛家人要從愛自己開始，好好愛自己才有能力愛別人，有健康的身體才能夠給家人遮風擋雨，男人也好女人也好，首先要善待自己的身體，珍愛自己，才能熱愛生活熱愛事業。

窮人失去健康，雪上加霜；富人失去健康，浮雲一場；人這一輩子，沒了健康……等於一輩子白忙。

讓想買的落實，不想買的也成交

說想買保險的不一定會買，說不買保險的也不一定不買，我們的任務就是讓想買的落實，不想買的最後也買了。

銷售的不可替代性不在於講解建議書，在於你如何發掘有望的客戶，在於你如何和客戶培養交情，在於你如何引導客戶邁向成交。找到銷售的重點，發揮你的優點（即使長相平凡但穩重踏實），永遠保持你的不可替代性！——這個社會競逐高下的真諦就是，你的報酬和勞動不一定成正比，而是和你勞動的不可替代性成正比。

做保險有三個層次：工作、事業、使命。

要屹立不搖，要成就非凡，你得找到在這個世界的使命（達到一個競賽，如果只為了出去玩一趟，未免把自己做小了！）。工作的熱情，事業的拚勁，完完全全來自內心對這個行業的使命感！否則激情過後，或者有一天油盡燈枯，我們靠什麼力量支撐這未竟的漫漫長路？

二、推銷

【推銷簡單講1】

醫療保險就是我們把存銀行的錢撥出一點存在保險公司，我們辛苦賺來的錢就不會被意外和疾病所搶走了，只有這樣，其他那些大部分的錢才能真正屬於我們。

【推銷簡單講2】

如果有的人說買了保險沒有用，那不是最好嗎？因為那就說明你一直平安無事！買保險不是為了要理賠，而是讓我們無後顧之憂放心去打拚！

【推銷簡單講3】

風險面前，人人平等。

但保險解決的是風險後面的問題，也就是用錢（保險公司理賠金）來補償錢（你的損失費用）的問題。

崇高的理想就像生長在高山上的鮮花，如果要摘下它，勤奮才是攀登的繩索！（勤奮度的指標是什麼，有哪幾個真的做到5×5×4＋1（《功夫》p.147））？如果一個人靠賣保單不能致富，那你得去看看班·費德文、法蘭克·貝德佳、喬·坎多爾佛、原一平、柴田合子寫的書，了解他們怎麼做到的！）

別老是問客戶建議書看了沒？他看的是你這個人！我們的主要工作，就是讓客戶看明白，我們到底是怎麼樣的一個人，看明白了，喜歡信任我們了，訂單自然來。

保險沒那麼複雜難懂，其實只是保一個人的賺錢能力，即保證家庭的生活品質。意外和疾病會偷走我們的賺錢能力；但保險確認不會偷走我們的家庭幸福！

我們每天都和風險賽跑，只是誰跑得更快而已！我們（人壽保險推銷員）也在跑，必須跑在風險追上客戶之前！

買保險，錢花得更有意義

最近花了不少錢，買東西時店員鞠躬哈腰的，真的很爽！我們辛辛苦苦賺錢就是為了有錢花嘛，花錢真的快樂，但錢花光了卻開始痛苦……仔細想想，天底下只有買保險這種消費行為，有花錢的快樂與尊嚴（我們也對客戶鞠躬哈腰滿眼感激），卻沒有實質花錢的痛苦！（玩過飛盤吧，董仔，你的錢到保險公司繞了一大圈，有一天還是會飛回來的！）天底下還有比買保險更過癮的事嗎？哈哈！

四十年不見的建中同學寫eMail到客服中心找到我，回他電話時，他直接表明：「裕盛，我最近手頭上有一些錢，你們有沒有積極一點的投資？」

我直接回覆：「投資不在消極與積極，重點是賺錢還是賠錢！保障型賺的多儲蓄型賺的少，保險只賺不賠，你覺得如何？」

老闆都不是省油的燈。

「看起來Under Armour的布料好像比較好……」

「是啊，」老闆邊展示邊說，「他們是用儒鴻的布料。」

「是喔，唉呀，當時我七十幾塊買了聚陽，一百塊就跑了，現在漲到兩百多，儒鴻更誇張，都快五百了……」

店老闆眉毛挑了一下，臉上的笑意更濃。

「光是UA一年給他的訂單就快十億，每年成長百分之五十……」

……

如果老闆說的你不懂，如果你接不上話，你想反過來賣他保單，這銷售根本沒戲！你只要精準評估好客戶的繳費能力，再評估好他的保險需求，剩下的就是培養交情這漫漫長路……而成交，就等在路的盡頭。

贏得辯論，也要贏得生意

台灣人愛買儲蓄險，推銷常從周邊親朋好友開始，不準備一點好話怎麼行？

「舅媽，好天要積雨來糧（儲蓄型），有錢多買一點，沒錢買少一點，有錢沒錢多少買一點，有買有保庇（保障型）。」

不要害怕和客戶衝撞（保險的意義功能），所謂燈不點不亮！但底線是，衝撞觀念不等同爭辯；贏得辯論、失去生意，就不是我們的初衷了。請牢記，我們不可能全勝，要具備同理心，了解客戶也許有一時的困難。沒有離開的客戶，只有離開的業務員。只要我們堅持理念善意複訪，終有感動客戶、撥雲見日的一天！

客戶揶揄我：保險有什麼好？

「保險沒什麼好，也沒什麼不好；就像你這家最高檔的鐵板燒，有什麼好，吃了還不是拉出來。」客戶瞪大了眼。

「重點是來的客戶吃得起！保險嘛工款，董仔，重點是你買得起嘛！」

張董哈哈大笑，「到底多少錢啊，死林裕盛！」

你必須把保險做得很有趣，讓每一天都很快樂！

買保險，幫自己也幫別人

沒病的時候不買保險，因為心疼錢，總覺得那些錢還有更好的用途；有病的時候想到保險了，原因還是心疼錢，因為不甘心把一輩子辛苦錢送給醫院！

錢存在銀行永遠是等著消費，你捨不得花在保險上，以後花在醫院裡豈不更心疼！

每個人重病住院時，躺在病床上思索的三樣東西：有沒有足夠的醫療費用？有沒有及時最有效的治療？最好，不要連累家人，還有全天候的看護！

可不可以不要住院時才想到這些東西？

保險的本質很簡單，是芝麻換西瓜的道理，更是一人有難大家幫忙的互助精神，一般我們說人情債最難還，但保險的理賠不需要讓你有絲毫感情負擔。

因為它不是來自什麼人的恩賜，而是你自己的決策和眼光！你多年前幾個月甚至幾天前的一個決定，投入了這個互助的大家庭，從某種意義上說，其實是你自己幫了自己。

保險十大黃金價值：

病有所醫、壯有所倚、幼有所護、親有所奉、殘有所仗、老有所養、錢有所積、產有所保、財有所承、愛有所繼。

保險有什麼好？取其一二足矣！

真正的理財不是賺大錢，而是少虧錢；理財最嘔的不是沒賺到錢，而是賺到手的錢因為沒有鎖住又虧回去了！

儲蓄型保險是幹什麼用的，它只是鎖定你賺來的錢，不再跑出來虧掉，甚至還會給你一些小小利潤。

理財，第一應該考慮的不應該是如何賺錢，而是如何不虧錢或者少虧點錢！

陳董下午撥電話來。

「老哥啊（董事長叫業務員老哥，這麼多年始終如一，足見他的成功），我們家Rita大腸癌三級……ㄟ，平常健康得很哪……那天還跟我一道吃中飯，然後突然喊肚子很痛……一檢查說大腸小腸都破了洞……她都沒求生意志了。」

「我知道啊，你們林總有告訴我了，可惜我都賣不成她保險……怎麼會這樣？」

「哎，她是財務長啊，每次都說買保險划不來，又一直唉沒錢……結果去銀行買基金五年虧了一百多萬，ㄟ，五年了，還在虧……那是什麼理專啊……」

「……」我真無語了，說實在，買基金也不見得會虧成這樣（理專也不想吧）；買了防癌險也不想得癌症啊，更何況還來不及買，只是，這兩件倒楣事一時間統統湊在一起……實在令人扼腕。

（祝福Rita早日康復！我真的還不夠堅持與努力吧，要檢討啊！）

最近得癌症的朋友客戶特多，有的買了防癌險有的沒買，想想真是匪夷所思，中樂透的機率是五百萬分之一，大家都在買；得癌症的機率高很多，大家都不買！（或者拖延或者買不足）防癌險是守護家庭現金的最重要關卡，癌症的醫療費用特高，有錢還能治，沒錢肯定治不了，真的奉勸大家：先買足你的防癌險吧，保險公司能賣多少你就買多少！

都說「床前久病無孝子」，其實問題在於「久病無銀子」，是巨額的醫療費無情的考驗搞垮了親情，而買保險的遠見，讓親情不必再受考驗，讓愛得以延續。

客戶的話怎麼這麼感人呢？（有時候，客戶才是最好的老師！）

她說：「如果家人一生中真的遭遇重病，治不治得好那是老天爺和醫生的事情；但有沒有錢治，那就是我的事情。如果因為前者，我會很傷心但能放下；如果因為後者沒錢治而不得不放棄，那會是我永遠的痛，我會永遠無法原諒我自己！因此，在我能力允許的情況下，一定及時及早的為家人做足健康準備！」這是剛為家人購買了兩份五十萬重疾保障客戶的肺腑之言。

我們要做的事情，就是協助我們已經認識和我們有可能認識的朋友，完成他們的心願，拿走他們對意外和健康風險的擔憂！

當你重病，需要大筆花費時：

強調「視病猶親」的醫院

(1)你的病很嚴重。(2)也許還能救治。(3)但需要很多錢。

標榜「以客為尊」的銀行

(1)我們真的同情你。(2)規定就是這樣。(3)繳不出錢只能收回房子。

讓你「避之不及」的保險

(1)你的病我們能理賠。(2)只要確診就先給一百萬。(3)剩下的保費不用再繳。

保險就是得意時買，失意時用，緊在現在，富在將來！一個人到老的時候又老又窮，或許不是因為他做錯了什麼，而是什麼都沒有做。

醫療險（重疾，防癌險）是一張活保單，與一般的壽險保單不同，它的收益並不著眼在於生命的終結；相反，它是一張與被保險人站在同一個陣線，共同對抗病魔的保單！被保險人可以利用這筆放大的醫療理賠金，做最有效的治療，以期延續生命，減少給家庭帶來的巨額經濟損失，並爭取重新擁抱健康的人生。

一個人活著時有多大的身價其實不是重點，關鍵是走了以後有沒有（為他的家人）繼續創造金錢的能力！面對病痛與意外，一個人的生理生命實在很脆弱，卻可以透過最不起眼的保險保證他的經濟生命！

任何一個人壽保險推銷員手裡都握著這麼偉大的商品，只要夠努力，一定可以贏得客戶的認同並證明我們的優秀！

保險像冬衣，冷的時候，才知道誰穿得夠多。如果不買人壽保險，即使你制定再多再複雜的財務規劃，也屬於財務上的裸體，扛不住寒風經不起風浪。

買保險無非是兩個問題——我想買什麼，我能買什麼？

賣保險只有一個問題——他能買什麼，再賣他什麼！

買什麼都好，勝過什麼都沒買！

世上再美的風景，都不及回家的那段路！我們只是客戶背後的那盞燈，照亮他回家的路與愛家人的心。

三、增員

現在的工作並不重要，重要的是最後你選擇了什麼？

為什麼非得求一份工作，靠別人決定你的收入？薪水是支配性收入，老闆怎麼負責你的榮華富貴？尋求創造性收入的業務工作，給自己一個致富的起點！

人生沒有公平，從事業務，見證你的眼光與努力，遠離貧窮；人生也很公平，不做業務，證明不了你的優秀，只好一起抱怨貧窮吧！

有下屬來跟我說：「盛哥，我快被agents氣到發神經了！」

如果沒被agent氣過，代表你的團隊還不夠大。量大人瀟灑，量變帶動質變，多增幾個人嘛，小孩一多，敲鐘就來爭食了，還需要追著他吃東西嗎？不要笨到跟不成材的agent 生氣，有本事，他當主管你變agent了！

增員不是用來生氣的，這個制度人人都得力爭上游，懂得做人懂得尊重主管聽話照做，將來他的成就愈大愈快速，省下力氣多增員一流的新人進入你的團隊，改造體質才是上策！

做人其實很簡單，只要你把我當回事，你的事就是我的！

做agent也很簡單，你把主管當回事，你的事就是他的事！

你必須認清，煉沙成金徒費精力，太多主管陪葬在沙堆裡，為什麼不沙裡淘金？

原因很簡單，因為自己懶惰！你必須對自己的懶惰下手，如此而已！

（有多少人堅持執行《英雄同路》p198的撲克牌理論：1／4／13？）

增員，其實是copy自己的能力，把自己的才華發揚光大。

天底下有又要偉大又要舒服的事嗎？

馬雲的經營概念是，永遠不培養人，只選人。能不能成事、能成多大事的人其實一開始就能判斷，能成事的人本身就具備很強的自我學習和塑造能力，無須培養。

保險經營團隊也是如此，與其耗時去培養，不如把時間精力用在選才上！

選人三原則：人品第一、價值觀統一（認同保險產品，保險事業）、鬥志飽滿（人生的夏天就該拚搏）。

營業處的主管、處經理，氛圍都在談增員，我怎麼辦？

為什麼要進入這個行業，所為何

來，每個人的目標不盡相同，你該仔細思量現在的重點工作是什麼？業代十分推銷，主任八分推銷二分增員，襄理六四，經理四六，或者，從頭到尾你一個人專注推銷，也都可以致富啊，難不成營業處會容不下一個熱愛推銷業績卓著的業務員？

所以，你想怎麼辦就怎麼辦！

上週末，我到汽車展示間找阿偉（三十六歲帥氣熟男）。

「什麼風把你吹來啊，老大仔──」

「沒事，過來晃晃。」

「老大，請教一下，你覺得台灣的保險業還像你那個時代那麼好嗎？」

「應該還行吧，美國已經兩百多年日本一百多年大陸方興未艾……只要人類不會變成機器人，生下來之後永遠得面對老、病、死……這些都需要錢，需要錢，就需要人壽保險，我們可以不喜歡人壽保險，但需要它為我們做的事。

「其實，你首先要考慮的並不是保險業還能不能幹；而是你現在這個工作還要繼續嗎？」

阿偉眉頭一皺，應該心頭也一凜，我輕描淡寫往下說：「有看過ANIMAL PLANET，有聽過牛羊逐水草（大遷徙）而居嗎？牛羊都懂得如果這地方乾旱混不下去了，就得另謀出處，即使河裡有鱷魚也得拚命過河去……年輕就這麼一回，擇惡固執浪費的只是自己的青春，人壽保險業從過去到未來從來沒有容易過，永遠是最具挑戰性的行業，但最困難也代表著最高的收入，就看你有沒有這個能耐與膽識了。」

「中年轉行會不會太遲？」

「任何時候進來都不嫌遲，想清楚你為什麼要轉行，為什麼要選擇我們這個行業？」

「有人成功嗎？」

「失敗者眾成功者少，你具備成功者的基因嗎？如果這個行業那麼容易成功，也就沒那麼迷人了！」

「那些人為什麼失敗？」

「每天縱容自己睡到自然醒，不去拜訪客戶，焉能不陣亡！」

「你們沒有底薪？」

「底薪不就是『限制型』薪水；我們沒有底薪，只有保證薪（續繳服務費）。」

「成功的關鍵是什麼？」

「(1)相信保險；(2)讓客戶喜歡和信任你；(3)學習改變，勤勞任事；(4)其他的，都在《英雄同路》，回去再好好看。」

昨天的準增員對象說我忘了回答：

「如果客戶一直躲我怎麼辦？」

「一直去啊，直到他搬家為止，或者拿錢放人。」

你可以一無所有，但不能一無是處！年輕人出社會，想清楚：我擁有什麼，我沒有什麼，我想要什麼，為了這個想要，我願意付出什麼代價？

很多時候，增員最難處理的是「我對做保險沒興趣」。這樣回答他：「現在從事外勤的幾十萬大軍，哪一個是從小立志做保險的，哪一個又是因為興趣進來的？井底蛙從來不會對外頭的世界有興趣，他始終以為，周遭的狹小範圍就是整個世界。年輕人創造更高的收入，提升對社會的貢獻度，才是興趣之所在。你是沒興趣還是沒自信？」

想要飛得更高，取決於：(1)你要先有雙堅強有力的翅膀（厚植競爭力）；(2)你站的位置和高度（選擇行業）；(3)最好還能迎上一陣順勢的風（選對公司&團隊）。

四、目標

如果你能(1)堅持二十年四星會，(2)堅持二十年高峰會，(3)堅持二十年每一年留存一組直轄，(4)堅持二十年每一年增加十個（優質客戶）業務來源中心，(5)堅持十年每一年加薪一百萬，五者取其一，無愧於進入保險業；五者取其二，或以上，就能早日實現財務自由！

不要只是在辦公室晃來晃去，不要只是每天早出晚歸看似忙碌，不要只是上課勤做筆記看似認真，你只是「看起來」很努力。學東西，要學到背下來講得出來，開發客戶，要能開發出A級準客戶才能罷手，拜訪客戶，要直到成交為止，競賽，要拚到達標為止，所有沒有目標的努力，都是做白工！努力要變成能力，或者轉化成績效才會有意義！

除非你想成功想瘋了，除非你能熱愛保險到成為一種信仰，否則再怎麼信誓旦旦，你在這個行業永遠只是個搖旗吶喊的配角，永遠也上不了檯面！

現在壽險從業人員的兩大困境：新人愛增員不喜推銷；老人愛推銷不喜增員，前者可悲，後者可惜！

實情是前者想輕鬆致富，所以可悲；後者空有好身手卻不願傳人，所以可惜。如果大家都能看清楚這個行業的本質，熱愛推銷勇於增員，則扎實經營二十年，必然有錢有閒！（只是看透的人少，苦幹的人更少，堅持到底的少之又少，所以嘛，成功不是少數，是極少數。）

世上最容易的兩件事：減肥和賣保險，前者少吃，後者多拜訪！因為決心不夠自己懶惰，結果變成世上最難的兩件事！

我們都有自己的時光機，帶我們回到過去的，叫回憶；帶我們前往未來的，叫夢想，現在奮力追逐夢想，將來才不會追悔記憶。

五、出發

人生有多少次的出發是你後顧無憂的？（有後顧之憂是好事，我們才會全力以赴嘛！後顧之憂的典故可以參考：玄武門兵變前，唐太宗跟他太太講，趕快帶小孩走，免得我有後顧之憂！沒想到他夫人說我不走，就是要讓你有後顧之憂，要嘛是你回來，要嘛大家一起死，李世民一聽只能全力以赴，爭取勝利歸來！）

實現夢想最難的是出發，一旦你決定出發的時候，最困難的部分其實已經完成了！

有奮鬥就會有受傷，但別忘了，有受傷才會有成長。

人壽保險事業就是一個從不斷受傷到成長到成熟到成功的進化歷程！趁著年輕（年輕代表著體力與一無所有的放下身段），你得義無反顧地去工作，再難也不能停下追求的腳步。因為沒有人比你自己更清楚：在一次次的敗下陣來之後，重新站起的是一個更有力量的自我！

面對生活的態度：你既然給我壓力，我只能還你奇蹟！

當我嘗盡人情冷暖，當你決定為了你的理想燃燒，生活的壓力與生命的尊嚴哪一個重要？沒有靠山，自己成靠山；沒有天下，自己打天下；沒有資本，自己賺資本！

這世界從來沒有什麼救世主，你弱了，所有困難都強了；你強了，所有阻礙都弱了。逢山開路，遇水搭橋，不用向任何人解釋你的選擇。

一次次的高峰

有人上了高峰有人沒上，新高峰又來了！彷彿一點喘息的時間都沒有……

做業務哪有不（心）累的，但你要告訴自己堅持下去，不要這麼輕易的沮喪，誰說我們沒有美好的未來，在一切變好之前，我們總要經歷一些不開心的日子。

沒有必要因為一點點不如意就放棄一段堅持，即使沒有人為我們鼓掌，也得繼續樂觀前行，並感動自己的認真付出。

挫折與打擊是家常便飯，或許我們都曾經不堪一擊，但終將刀槍不入。

自己的夢想自己扛

成功的人把夢想變成現實，失敗的人把現實變成了夢想，關鍵是，你的夢想是什麼，你又願意為你的夢想付出什麼代價？

只有當理想的光芒照耀著我們，而且它和廣大人群的福祉相連接，我們才會有巨大的動力和勇氣。

別管壓力了，剩下的事，就是琢磨怎樣把夢想變成行動了……

「當我騎自行車時，別人說路途太遠，根本不可能到達目的地，半路上我換成小轎車；當我開小轎車時，別人又說了，小夥子再往前開就是懸崖峭壁，沒路了！我繼續往前開，開到懸崖峭壁我換成飛機了，結果我去到了任何我想去的地方！」

不要讓夢想輕易毀在別人的嘴裡，這世界隨喜者少，妒忌者眾，最多的就是拖你一起下水的螃蟹！

自己的夢想自己扛，相信自己，勇往直前！

選擇壽險事業，你已高人一等

出外拜訪客戶，冷臉多熱臉少，不論別人給你熱臉還是冷臉，都無損我們的優秀！（外面的世界，尊重的是虛榮的背景，而非人本身）所以，不要把自己的尊嚴抬得太高，我們的尊嚴是在成交之後；也無須把自己貶得太低，能夠選擇這個行業，你的智慧、勇氣、情商，俱已經高人一等！

普通並不等於庸俗，我們也許一輩子都是普通人，但也要做一個不平庸的人，雖然成功的代價是如此的高昂，但是它和平庸的可悲比較起來，卻是如此的微不足道！人壽保險是愛，人世間最無遮攔、最毫無保留的愛，能夠把人性這份最可貴的愛驗證出來並發揚光大，我們其實一點都不平庸！

莫忘初衷

夢想兩個字不簡單，或許有三個祕訣：勇氣，堅持，銘記。

踏出第一步需要勇氣；一路上來去的風景、折磨，要堅持；在你快到達夢想的路口時，要銘記當初踏出第一步的初衷。夢想這條路踏上了，不達目的地絕不鬆手！

選擇人壽保險事業是生命的奇幻之旅，它讓我們年輕的生命及早經歷了無數顛盪起伏的蒼涼與繁華，迅速茁壯成長成熟了我們的人格。而這些人格特質的養成，是金錢無法置換的，更是其他行業無法給予你的！

壽險業務困難就罷了，你或許還會覺得孤單，孤單其實是勵志的另一種形式，許多路，主管只能陪你走一段，但請牢記，沒有人可以替代你的堅強，因為你才是自己最堅強的後盾！

人生的路，需在荒涼中走出繁華的風景，保險的路，掌聲與淚水齊飛，獎盃共榮耀一色……即使過程中傷痕累累，也並不可怕，我們始終明白，閃亮我們人生的，不只是那捧在手中的金杯，而是那條曲折的進取之路。

不忘初心，我們都要一直堅強地走下去……

六、結語

增員不用學，只要你做保險發達了，你周遭的朋友（街坊鄰居，同學，以前的同事同梯手帕交）自然產生好奇，花若盛開蝴蝶自來，屆時順水推舟就好了！

推銷不用學，只要你一直去，第一次拜訪談建議書，第二次到第九次聊客戶喜歡的話題，每次拜訪不要忘了帶點丹露，第十次眼淚汪汪：「董ㄟ，你再不支持我，阮全家都得喝西北風了……」

大多數人把這個行業搞得太複雜、學問太深，愈想愈困難。推銷不懂放下身段，忘了平凡自己去見客戶；推銷賺不到錢，無法豪華自己吸引別人，整天妄想增員……只要先後次序弄對了，掌握好人性（銷售）與人格特質（增員），人壽保險其實是全世界最容易成功的事業！

天氣變熱了，在茶水間碰到一個新進男生，我主動跟他哈啦。

「是啊，林老大，前幾天穿西裝騎摩托車太冷，這兩天穿西裝騎摩托車太熱……」

「哈哈，」我拍拍他肩膀鼓勵他，「再過幾年，你就會特別懷念現在穿西裝騎摩托車的日子啦！」

人這一輩子，關鍵就在年輕時奮鬥的那幾年！

往事並不如煙，那些年，我們一起在大街小巷騎摩托車穿梭的日子，那些年，我們一起在大樓陌生拜訪，挨家挨戶吃閉門羹的日子……

昨天中午從五樓辦公室背著球桿，等電梯往樓下走（環保公司黎總的寶馬已在一樓大門等）。

「老大去打球啦？好好哦，天天打球。」一個年輕帥哥幫我按電梯。

「你幾歲啊？」

「快三十了。」

「這樣吧，我跟你換，你把青春給我，球給你打！」

哈哈哈……帥哥愣在一旁，瞪大眼睛，半响說不出話來……

羨慕要帶來動力，南山所有現在優雅悠哉的前輩，在你那個年紀，都是沒日沒夜的拚搏著……

許下一個追求卓越的決心！

新人的聖經是聽話照做重複堅持，與其在別人的輝煌裡仰望，不如親手擂起自己的戰鼓（剛入行時，也曾仰望前輩的輝煌，在拍紅的雙掌間不斷激勵自己），歲月過去，驀然回首，你或許已成為別人眼中難以磨滅的風景！

強者，在於善用職業的本能戰勝人性的本能（弱點）！

變強，是因為咱袂甲意輸的感覺！

使命

保險不是簡單的面對要發生的風險，而是發生風險後繼續要面對種種繁複的生活而備的那份由繁為簡、由愛而發，活出尊嚴的各種延續……

如果感同身受了死難家屬的那份悲哀，人壽保險推銷員就明白了我們的工作其實是一種使命，或許從此就更勤於拜訪甘於拒絕，並不以為苦了。

把一件事做到極致，就叫成功

如果開始懷念舊日時光，我們可能已經老了；但如果沒有舊日時光可懷念，那豈不是白老了？

小時候我們一直期盼長大後，要轟轟烈烈做大事，然後在《讀者文摘》讀到這麼一句話：一個自以為偉大到不屑於做小事的人，一定卑微到無法成大事。壽險業務可不是什麼大事，卻真是卑微的小事，沒想堅持了三十四年，甚至這輩子只能做好這一件事了。

把一件事做到極致，那就叫成功，成功與否其實也沒那麼重要，因為是非成敗轉頭空嘛，重點是我們傾盡一生貢獻一己之力服務人群了，這或許就是生命的意義！歲月的流逝總是不打招呼的，從早上拜訪客戶到午夜昏倒為止的熱情還沒褪去，充滿酸甜苦辣悲歡離合榮耀挫敗……刻骨銘心的記憶卻已迎面襲來……不幸負年輕，才會有個舊日好時光，也才有閒情去懷舊！

最後最後，沒有一種挫折是伴著微笑而來，但所有的挫折都可以在微笑中被征服。學習向日葵，只要你朝著陽光（正確的選擇）努力向上，生活便會因此變得單純而美好。

在成功的道路上，挫折是天梯，激情是需要的，志向是可貴的，但更重要的是那堅守的毅力和勇氣！

祝福大家，堅守角色，造福家人客戶社會國家。

在林裕盛最熟悉的紅爐牛排館，兩個寶貝兒子為父親慶賀生日。

【附錄三】

長長的路，帶著愛，勇敢地走

陳夢夢◎中英人壽四川分公司業務經理

初識裕盛大哥，是緣於人壽保險。這麼多年，看他恭勤不倦，堅持用榮譽書寫日記，成為華人壽險界的驕傲，而後，又致力於將自己的心得感悟，呈現於後輩，為壽險路上的新人們鋪路搭橋、排憂解惑。率性的他，一本本書相繼面世，每每拜讀，毫無保留、直抒胸臆的真摯，躍然紙上，令人感動。

邱吉爾說：我確信，透過保險，每個家庭只要付出微不足道的代價，就可以免遭萬劫不復的災難。

一個時代需要英雄、一個行業需要英雄，從業卅四年，長青樹一樣的裕盛大哥，用自己的青春、勤勉、真誠和智慧，踐行這個行業的高尚與偉大。

人壽保險有三百多年了，對國家、社會、家庭的作用，毋庸置疑。現實中，人們對於壽險的評價，往往是兩個極端。認同的，將壽險奉若神明，對從業人員佩服得五體投地；反對的，嗤之以鼻、氣恨難消。從業人員的個人修為不夠、工作方法不對、專業知識和社會經驗不足，往往導致客戶延遲風險轉移、資產保全的時機，有些人生活陷入無盡的悲哀與懊悔中，而從業人員也陷入績效低下的境地。

重要的事情，僅憑眼睛是看不見的。讀書，實踐於工作和生活的過程中，領悟到了多少、學會了多少？一輩子要讀不少的書，舊書不厭百回讀，裕盛大哥的書，有人生、有江湖、有情有義有擔當，讀他的書，從讀作者本人開始吧。

在我有限的了解中，覺得他是知道現實的艱難，仍然御風而行的強者。什麼人都可以做好的事情，體現不出個人價值，也隨時可能被替代。挑戰過程中的煩惱、困惑都會過去，只要不忘初心、堅持進步，勇敢地走下去，終會有屬於自己的美好未來。

他也是一個充滿愛和感恩的人，年輕時，因為對家人的愛，台大畢業，卻放棄出國留學，反而成就了他的輝煌事業。因為同時愛客戶、公司，讓他持續保持了榮譽。後來愛行業、愛同仁，不忍看見後輩走彎路，「逼」出了十餘本嘔心之作，驗證了一句話：每個人的存在，都不是為自己的。

更讓人點讚的是，他也愛自己，這是很多人做不到的。為了讓家人和朋友放心，他認真照顧好自己的健康，平衡好工作與家庭。除了短暫的（不超過四天）出差，總是夜晚說話給失智十多年的母親聽，準時在晚上十點半服侍母親盥洗休息。還跟我笑談：「媽媽是活菩薩，因為菩薩都不說話嘛。」電話這邊的我，卻淚灑衣襟，慨嘆久病床前有孝子的難能可貴！

都說人生短暫，可是裕盛大哥把他的人生路走得長長久久，每一個和他有緣的人，可以從他的分享，獲取智慧和勇氣，實現自己的工作目標、進而實現生活的目標。

有盛哥的書在身邊，如一盞燈，照亮他人，因此有了安慰和鼓勵，再遠、再崎嶇的道路，也不覺得累、也不會膽怯。

不相信有來生，所以要珍惜當下。替盛哥向天再借五十年，讓他可以幫助更多的人。

善行無跡，謝謝你、裕盛大哥！

未來撲面而來，祝福你更加快樂、如意！

早晚為母親梳頭，
是林裕盛十多年來最開心，也最哀傷的每日功課。

國家圖書館預行編目資料

雙贏——千萬業務的王者之路／林裕盛著. --
初版. --臺北市:寶瓶文化, 2015. 12
面； 公分. --(Vision；130)
ISBN 978-986-406-037-5(平裝)

1. 保險行銷 2. 職場成功法

563. 7 104027510

Vision 130

雙贏——千萬業務的王者之路

作者／林裕盛

發行人／張寶琴
社長兼總編輯／朱亞君
副總編輯／張純玲
資深編輯／丁慧瑋
編輯／林婕伃・周美珊
美術主編／林慧雯
校對／賴逸娟・陳佩伶・劉素芬・林裕盛
業務經理／李婉婷 企劃專員／林歆婕
財務主任／歐素琪 業務專員／林裕翔
出版者／寶瓶文化事業股份有限公司
地址／台北市110信義區基隆路一段180號8樓
電話／(02)27494988 傳真／(02)27495072
郵政劃撥／19446403 寶瓶文化事業股份有限公司
印刷廠／世和印製企業有限公司
總經銷／大和書報圖書股份有限公司 電話／(02)89902588
地址／新北市五股工業區五工五路2號 傳真／(02)22997900
E-mail／aquarius@udngroup.com

法律顧問／理律法律事務所陳長文律師、蔣大中律師
如有破損或裝訂錯誤，請寄回本公司更換
著作完成日期／二〇一五年
初版一刷日期／二〇一五年十二月二十三日
初版八刷日期／二〇一八年三月二日
ISBN／978-986-406-037-5
定價／四〇〇元

AQUARIUS 寶瓶文化事業

愛書人卡

感謝您熱心的為我們填寫，
對您的意見，我們會認真的加以參考，
希望寶瓶文化推出的每一本書，都能得到您的肯定與永遠的支持。

系列：Vision 130　**書名：雙贏——千萬業務的王者之路**

1. 姓名：＿＿＿＿＿＿＿＿　性別：□男　□女

2. 生日：＿＿年＿＿月＿＿日

3. 教育程度：□大學以上　□大學　□專科　□高中、高職　□高中職以下

4. 職業：＿＿＿＿＿＿＿

5. 聯絡地址：＿＿＿＿＿＿＿＿＿＿＿＿＿＿＿＿＿＿＿＿

   聯絡電話：＿＿＿＿＿＿＿＿　手機：＿＿＿＿＿＿＿＿

6. E-mail信箱：＿＿＿＿＿＿＿＿＿＿＿＿＿＿

   □同意　□不同意　免費獲得寶瓶文化叢書訊息

7. 購買日期：＿＿ 年 ＿＿ 月 ＿＿日

8. 您得知本書的管道：□報紙／雜誌　□電視／電台　□親友介紹　□逛書店　□網路
   □傳單／海報　□廣告　□其他

9. 您在哪裡買到本書：□書店，店名＿＿＿＿＿　□劃撥　□現場活動　□贈書
   □網路購書，網站名稱：＿＿＿＿＿＿　□其他＿＿＿＿＿

10. 對本書的建議：（請填代號　1. 滿意　2. 尚可　3. 再改進，請提供意見）

    內容：＿＿＿＿＿＿＿＿＿＿＿

    封面：＿＿＿＿＿＿＿＿＿＿＿

    編排：＿＿＿＿＿＿＿＿＿＿＿

    其他：＿＿＿＿＿＿＿＿＿＿＿

    綜合意見：＿＿＿＿＿＿＿＿＿＿＿＿＿＿＿＿＿＿＿＿＿＿＿

11. 希望我們未來出版哪一類的書籍：＿＿＿＿＿＿＿＿＿＿＿＿＿＿

讓文字與書寫的聲音大鳴大放

寶瓶文化事業股份有限公司

（請沿此虛線剪下）

廣　告　回　函	
北區郵政管理局登記	
證北台字15345號	
免貼郵票	

寶瓶文化事業股份有限公司　收

110台北市信義區基隆路一段180號8樓

8F,180 KEELUNG RD.,SEC.1,

TAIPEI.(110)TAIWAN R.O.C.

（請沿虛線對折後寄回，謝謝）